어휘로 잡는 빵빵 독해

초등 세계사 2

글 서보현 | 그림 허현경, 조승연

KB070908

웅진주니어

이 책의 특징

어휘를 알면 독해가 쉽다! 어휘력을 빵빵하게 키워 독해를 쉽게 할 수 있습니다.

글을 읽고도 무슨 뜻인지 모르는 이유가 무엇일까요? 글을 읽고 그 내용을 이해하는 능력인 독해력이 부족하기 때문입니다. 독해력은 문장을 읽고 이해하는 능력인 문해력과도 연결됩니다. 문해력을 기르려면 어휘력이 바탕이 되어야 합니다. 『어휘로 잡는 빵빵 독해』에서는 어휘의 의미와 쓰임을 다양한 상황으로 구성해 보여 줌으로써 아이들이 어휘를 쉽게 이해할 수 있게 하였습니다. 또한 이렇게 익힌 어휘를 짧은 문장으로 확인하는 문제를 통해 문해력을 키우고 긴 글까지 확장해 이해할 수 있도록 하였습니다.

역사 교과와 연계한 독해 프로그램으로, 교과 지식을 넓힐 수 있습니다.

중등 역사 교과서에 나오는 주제로 구성된 다양한 지문을 통해 독해 능력을 키우고 교과 공부에 필요한 기초 지식도 키울 수 있도록 하였습니다. 또 '교과서 속 세계 인물'을 통해 중등 역사 교과서에 나오는 인물들의 이야기를 읽어 보는 경험을 할 수 있습니다.

주	일차	학습 주제	주	일차	학습 주제
1주 중세 동아시아	1	수나라의 중국 통일과 발전	**3주** 중세 유럽 1	1	게르만족의 대이동
	2	당나라의 발전과 문화		2	프랑크 왕국과 카롤루스 대제
	3	송나라의 성립과 발전		3	비잔티움 제국의 발전과 쇠퇴
	4	몽골 제국의 성립과 발전		4	봉건 사회의 성립
	5	일본의 막부 정권		5	크리스트교 중심의 서유럽 문화
2주 중세 인도와 서아시아	1	굽타 왕조의 발전과 힌두교의 등장	**4주** 중세 유럽 2	1	십자군 전쟁의 발생과 전개
	2	무함마드와 이슬람교의 등장		2	상업과 도시의 발달
	3	이슬람 제국의 성장		3	흑사병의 전개와 피해
	4	이슬람 제국을 이끈 셀주크 튀르크		4	장원의 붕괴
	5	이슬람 문화		5	백년 전쟁의 발생과 진행
교과서 속 세계 인물			교과서 속 세계 인물		

한 번에 끝내자! 오늘 학습은 오늘 끝내는 성취감을 느낄 수 있습니다.

어휘와 독해를 하루에 하나씩! 1주 6일, 4주 한 권 완성으로 학습 성취감을 높입니다. 부담 없이 학습할 수 있도록 쉽고 간결하게 구성하였으며, 날마다 학습한 날짜를 기록하면서 아이 스스로 꾸준히 학습할 수 있도록 하였습니다.

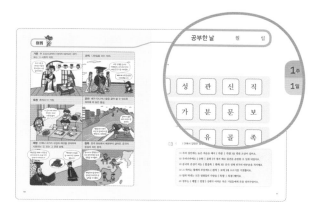
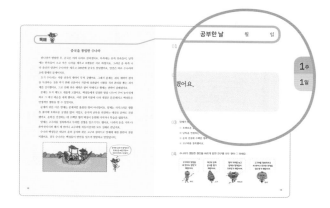

친근한 빵 친구들이 어휘와 독해 학습의 재미를 높여 줍니다.

또띠
똑소리 나는 토르티야. 아는 것이 많고 생각도 많다. 모르는 게 있으면 빨리 알아봐야 직성이 풀리는 성격. 그래서 머리에 항상 돋보기, 스마트폰 등을 넣고 다닌다.

빵이
푸근한 식빵. 웃음이 많다. 감정이 풍부하여 잘 웃고, 부끄러움을 잘 탄다. 새로운 사실을 알았을 때는 얼굴이 부풀었다 쭈그러들었다를 반복한다.

핫또야

장난꾸러기 핫도그. 심심한 걸 견디지 못해 케첩 같은 소스를 뿌려 대며 말썽을 일으키기도 하지만 악의는 없다.

롱이

수다쟁이 마카롱. 무조건 아는 척을 잘하며 모든 일을 참견하고 싶어 이곳저곳을 기웃거린다.

소라
수줍음이 많은 소라빵. 호기심도 많다. 무엇인가 골똘히 생각할 때는 커다란 모자에 몸을 숨기기도 하고, 놀라면 모자가 들썩이는 등 과한 리액션이 매력이다.

꽈리
투덜이 꽈배기. 무슨 일이든지 일단 투덜거리고 본다. 싫을수록 몸이 더 배배 꼬이고, 몸에 묻은 설탕을 털면서 온몸으로 거부한다.

이 책의 구성과 활용 방법

독해를 하기 전에 독해 지문에 나오는 어휘의 뜻을 익힙니다.

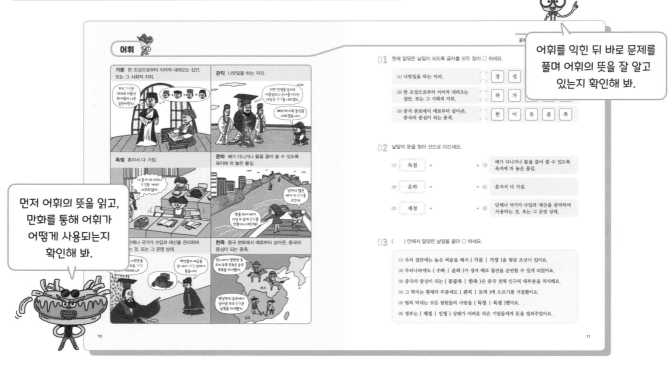

어휘를 익힌 뒤 바로 문제를 풀며 어휘의 뜻을 잘 알고 있는지 확인해 봐.

먼저 어휘의 뜻을 읽고, 만화를 통해 어휘가 어떻게 사용되는지 확인해 봐.

독해 중등 역사 교과서에 나오는 학습 주제를 담은 지문을 읽고 독해력을 기릅니다.

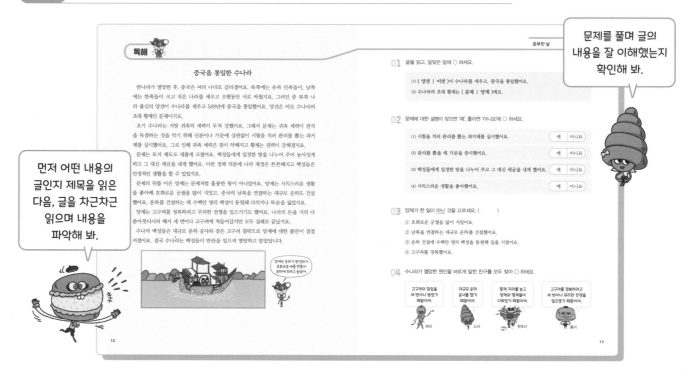

문제를 풀며 글의 내용을 잘 이해했는지 확인해 봐.

먼저 어떤 내용의 글인지 제목을 읽은 다음, 글을 차근차근 읽으며 내용을 파악해 봐.

한 주 동안 배운 내용을 낱말 퍼즐, 사다리 타기, 미로 등의 다양한 활동을 통해 복습합니다.

전체 학습 분량 중
완료한 학습량

학습한 어휘 수

학습한 지문 수

헷갈리거나 모르는 것이
있으면 앞으로 돌아가
내용을 확인한 뒤 문제를
풀어 봐.

왼쪽 면은 어휘를,
오른쪽 면은 독해 내용을
확인하는 활동으로
구성되어 있어.

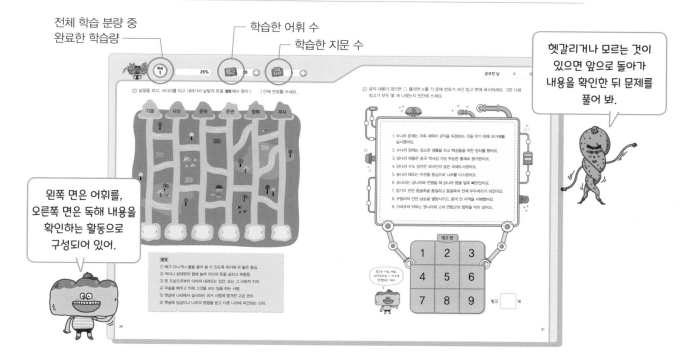

교과서 속 세계 인물 중등 역사 교과서에 나오는 인물들의 이야기를 읽어 봅니다.

학습 주제와 관련된
인물 이야기를
읽으며 내용을
파악해 봐.

당나라의 위대한 두 시인, 이백과 두보

몽골 제국을 세운 칭기즈 칸

해답 어휘, 독해, 복습 문제의 해답을 확인합니다.

찾아보기 헷갈리거나 모르는 어휘를 찾아봅니다.

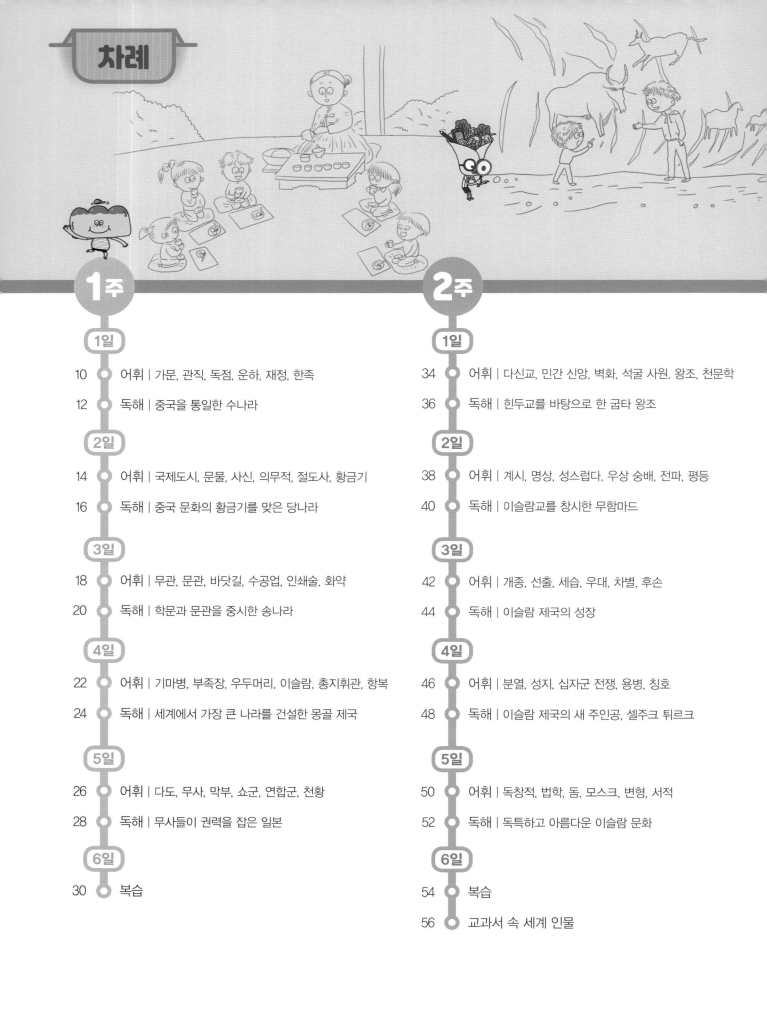

차례

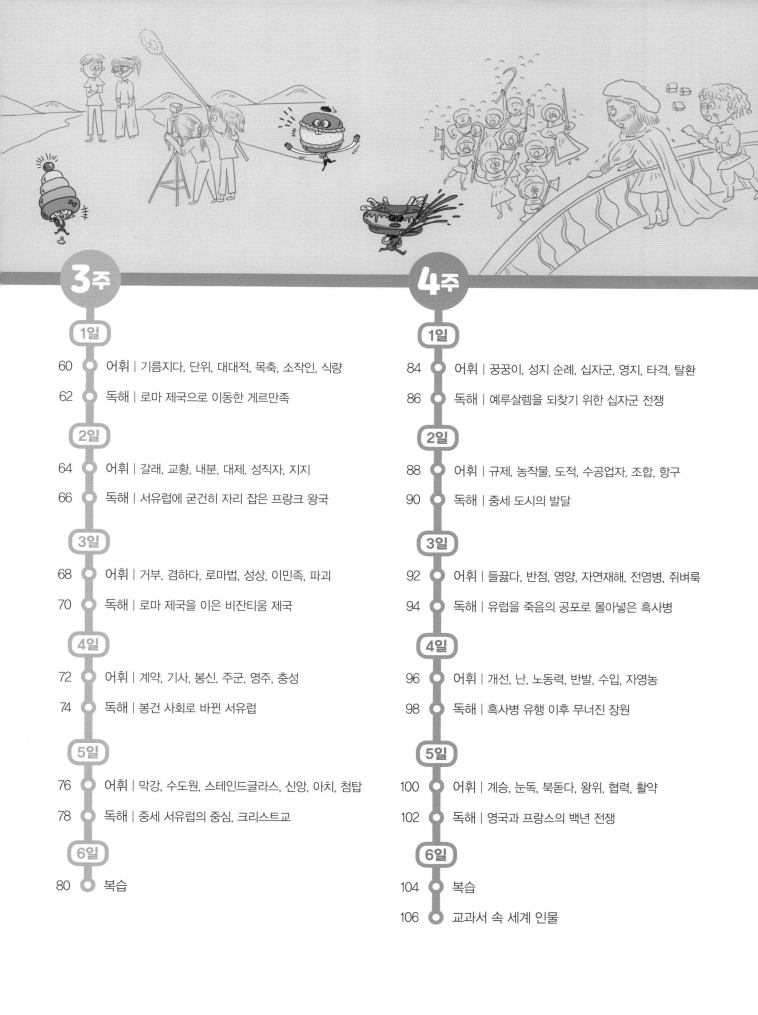

1주 중세 동아시아

1일

어휘 | 가문, 관직, 독점, 운하, 재정, 한족
독해 | 중국을 통일한 수나라

2일

어휘 | 국제도시, 문물, 사신, 의무적, 절도사, 황금기
독해 | 중국 문화의 황금기를 맞은 당나라

3일

어휘 | 무관, 문관, 바닷길, 수공업, 인쇄술, 화약
독해 | 학문과 문관을 중시한 송나라

5일

어휘 | 다도, 무사, 막부, 쇼군, 연합군, 천황
독해 | 무사들이 권력을 잡은 일본

4일

어휘 | 기마병, 부족장, 우두머리, 이슬람, 총지휘관, 항복
독해 | 세계에서 가장 큰 나라를 건설한 몽골 제국

6일

복습

가문 한 조상으로부터 이어져 내려오는 집안. 또는 그 사회적 지위.

관직 나랏일을 하는 자리.

독점 혼자서 다 가짐.

운하 배가 다니거나 물을 끌어 쓸 수 있도록 육지에 파 놓은 물길.

재정 단체나 국가가 수입과 재산을 관리하며 사용하는 것. 또는 그 운영 상태.

한족 중국 본토에서 예로부터 살아온, 중국의 중심이 되는 종족.

01 뜻에 알맞은 낱말이 되도록 글자를 모두 찾아 ○ 하세요.

(1) 나랏일을 하는 자리.   장 성 관 신 직

(2) 한 조상으로부터 이어져 내려오는 집안. 또는 그 사회적 지위.   하 가 분 문 보

(3) 중국 본토에서 예로부터 살아온, 중국의 중심이 되는 종족.   한 이 유 골 족

02 낱말의 뜻을 찾아 선으로 이으세요.

(1) 독점 •

(2) 운하 •

(3) 재정 •

• ㉠ 배가 다니거나 물을 끌어 쓸 수 있도록 육지에 파 놓은 물길.

• ㉡ 혼자서 다 가짐.

• ㉢ 단체나 국가가 수입과 재산을 관리하며 사용하는 것. 또는 그 운영 상태.

03 ( ) 안에서 알맞은 낱말을 골라 ○ 하세요.

(1) 우리 집안에는 높은 벼슬을 해서 (가문 | 가장)을 빛낸 조상이 있어요.

(2) 우리나라에도 (수하 | 운하)가 생겨 배로 물건을 운반할 수 있게 되었어요.

(3) 중국의 중심이 되는 (몽골족 | 한족)은 중국 전체 인구의 대부분을 차지해요.

(4) 그 학자는 황제의 부름에도 (관직 | 모직)에 오르기를 거절했어요.

(5) 팀의 막내는 모든 팀원들의 사랑을 (독창 | 독점)했어요.

(6) 정부는 (재정 | 인정) 상태가 어려운 작은 기업들에게 돈을 빌려주었어요.

중국을 통일한 수나라

한나라가 멸망한 후, 중국은 여러 나라로 갈라졌어요. 북쪽에는 유목 민족들이, 남쪽에는 한족들이 크고 작은 나라를 세우고 오랫동안 서로 싸웠지요. 그러던 중 북쪽 나라 출신의 양견이 수나라를 세우고 589년에 중국을 통일했어요. 양견은 바로 수나라의 초대 황제인 문제이지요.

초기 수나라는 지방 귀족의 세력이 무척 강했어요. 그래서 문제는 귀족 세력이 관직을 독점하는 것을 막기 위해 신분이나 가문에 상관없이 시험을 치러 관리를 뽑는 과거제를 실시했어요. 그로 인해 귀족 세력은 힘이 약해지고 황제는 권력이 강해졌지요.

문제는 토지 제도도 새롭게 고쳤어요. 백성들에게 일정한 땅을 나누어 주어 농사짓게 하고 그 대신 세금을 내게 했어요. 이런 정책 덕분에 나라 재정은 튼튼해지고 백성들은 안정적인 생활을 할 수 있었지요.

문제의 뒤를 이은 양제는 문제처럼 훌륭한 왕이 아니었어요. 양제는 사치스러운 생활을 좋아해 호화로운 궁궐을 많이 지었고, 중국의 남북을 연결하는 대규모 운하도 건설했어요. 운하를 건설하는 데 수백만 명의 백성이 동원돼 다치거나 목숨을 잃었지요.

양제는 고구려를 정복하려고 무리한 전쟁을 일으키기도 했어요. 나라의 돈을 거의 다 쏟아붓다시피 해서 세 번이나 고구려에 쳐들어갔지만 모두 실패로 끝났지요.

수나라 백성들은 대규모 운하 공사와 잦은 고구려 침략으로 양제에 대한 불만이 점점 커졌어요. 결국 수나라는 백성들이 반란을 일으켜 멸망하고 말았답니다.

양제는 운하가 완성되자 호화로운 배를 만들어 운하에 띄우고 놀았어.

01 글을 읽고, 알맞은 말에 ○ 하세요.

(1) (양견 | 이연)이 수나라를 세우고, 중국을 통일했어요.

(2) 수나라의 초대 황제는 (문제 | 양제)예요.

02 문제에 대한 설명이 맞으면 '예', 틀리면 '아니요'에 ○ 하세요.

(1) 시험을 치러 관리를 뽑는 과거제를 실시했어요. | 예 | 아니요 |

(2) 관리를 뽑을 때 가문을 중시했어요. | 예 | 아니요 |

(3) 백성들에게 일정한 땅을 나누어 주고 그 대신 세금을 내게 했어요. | 예 | 아니요 |

(4) 사치스러운 생활을 좋아했어요. | 예 | 아니요 |

03 양제가 한 일이 <u>아닌</u> 것을 고르세요. (   )

① 호화로운 궁궐을 많이 지었어요.

② 남북을 연결하는 대규모 운하를 건설했어요.

③ 운하 건설에 수백만 명의 백성을 동원해 일을 시켰어요.

④ 고구려를 정복했어요.

04 수나라가 멸망한 원인을 바르게 말한 친구를 모두 찾아 ○ 하세요.

고구려의 침입을 세 번이나 받았기 때문이야.

꽈리

대규모 운하 공사를 했기 때문이야.

소라

황제 자리를 놓고 양제와 형제들이 다투었기 때문이야.

핫또야

고구려를 정복하려고 세 번이나 무리한 전쟁을 일으켰기 때문이야.

롱이

국제도시 외국인이 많이 살거나 외국인이 자주 오고 가는 도시.

문물 문화가 발전하면서 사람이 만들어 낸 학문, 예술, 기술 같은 것을 모두 이르는 말.

사신 옛날에 임금이나 나라의 명령을 받고 다른 나라에 파견되는 신하.

의무적 마땅히 해야 하는 것.

절도사 중국 당나라 때, 지방에서 군대를 거느리고 그 지방을 다스리던 으뜸 벼슬.

황금기 가장 좋은 때나 한창때.

01 뜻에 알맞은 낱말을 보기 에서 찾아 빈칸에 쓰세요.

| 보기 | 문물 | 사신 | 의무적 | 절도사 | 황금기 | 국제도시 |

(1) 가장 좋은 때나 한창때. ⬚

(2) 마땅히 해야 하는 것. ⬚

(3) 문화가 발전하면서 사람이 만들어 낸 학문, 예술, 기술 같은 것을 모두 이르는 말. ⬚

(4) 옛날에 임금이나 나라의 명령을 받고 다른 나라에 파견되는 신하. ⬚

(5) 외국인이 많이 살거나 외국인이 자주 오고 가는 도시. ⬚

(6) 중국 당나라 때, 지방에서 군대를 거느리고 그 지방을 다스리던 으뜸 벼슬. ⬚

02 ( ) 안에서 알맞은 낱말을 골라 ○ 하세요.

(1) 우리나라는 고종 때 서양 (문물 | 매물)이 들어와 많은 것이 달라졌어요.

(2) 조선 시대에는 중국을 오가는 (소신 | 사신)을 통해 중국 물건이 많이 들어왔어요.

(3) 당나라 말기에는 국경을 지키는 (절도사 | 설계사)의 힘이 컸어요.

03 밑줄 친 낱말의 쓰임이 틀린 것을 찾아 ✓ 하세요.

(1) 우리나라에서는 초등학생 때부터 영어를 <u>의무적</u>으로 배워요. ⬚

(2) 큰 항구가 있는 부산은 외국과의 교류가 많은 <u>국제도시</u>예요. ⬚

(3) 그 시기는 나라 경제가 나빠 사람들이 살기 어려운 <u>황금기</u>였어요. ⬚

중국 문화의 황금기를 맞은 당나라

수나라가 멸망한 뒤 혼란한 중국을 통일한 사람은 이연이에요. 이연은 618년에 당나라를 세우고 황제가 되었지요.

당나라의 제2대 황제인 태종은 훌륭한 정치를 해서 중국 역사상 가장 뛰어난 황제 중 하나로 평가받아요. 태종은 나라의 기틀이 되는 법인 율령을 탄탄하게 정비하고, 과거제를 통해 능력 위주로 관리를 뽑아 나라를 안정적으로 다스렸어요. 또 통치 제도를 정비해 농민들에게 땅을 골고루 나누어 주고 그 대신 세금을 내게 했으며, 농사일이 한가할 때는 의무적으로 군사 훈련을 받고 군대에 가게 했지요. 태종은 돌궐, 토번, 위구르 등을 정복해 영토를 크게 넓히기도 했어요.

당나라 때는 여러 분야에서 큰 발전을 이루었고, 중국 문화의 황금기라고 불릴 정도로 문화가 발달했어요. 특히 현종 때는 최고의 번영을 누렸지요. 이 시기에는 귀족적이고 국제적인 문화도 크게 발달했어요. 특히 지배층인 귀족들이 즐기던 시와 글씨, 그림 등이 유행했는데, 이백과 두보 같은 뛰어난 시인들이 아름다운 시를 남기기도 했어요.

당나라의 수도 장안은 당나라의 문물을 배우려고 주변 나라에서 온 사신, 유학생, 승려 들로 북적였어요. 또 비단길을 따라 물건을 팔러 온 서역 상인도 많았지요. 장안에는 외국인이 넘쳐 났고 세계 여러 나라에서 온 진귀한 물건들을 파는 가게도 많았어요. 당시 장안은 세계에서 손꼽히는 국제도시로서의 모습을 뽐냈답니다.

하지만 당나라는 현종이 양 귀비에 빠져 정치를 소홀히 하면서 점점 쇠퇴했어요. 그러다가 두 번의 큰 반란을 겪은 뒤 907년에 절도사 주전충에 의해 멸망했어요.

당나라 귀족들은 시를 짓거나 그림을 그리는 것을 즐겼어.

01 당나라에 대해 바르게 말한 아이를 모두 찾아 이름에 ○ 하세요.

> 해준 귀족 출신의 주전충이 세웠어.
>
> 다현 중국 문화의 황금기라고 불릴 정도로 문화가 발달했어.
>
> 은성 제2대 황제인 태종은 중국 역사상 가장 뛰어난 황제 중 하나로 평가받아.
>
> 소민 돌궐의 침입을 받아 멸망했어.

02 당나라 태종에 대한 설명으로 맞는 것을 보기 에서 모두 찾아 기호를 쓰세요.

> **보기**
>
> ㉠ 율령을 탄탄하게 정비했어요.
>
> ㉡ 과거제를 통해 능력 위주로 관리를 뽑았어요.
>
> ㉢ 귀족들에게 땅을 나누어 주고 세금을 많이 내게 했어요.
>
> ㉣ 돌궐, 토번, 위구르 등을 정복해 영토를 크게 넓혔어요.

(,   ,   )

03 당나라의 문화에 대한 글을 읽고, 알맞은 말에 ○ 하세요.

> 당나라는 (태종 | 현종) 때 최고의 번영을 누렸으며, 귀족적이고 국제적인 문화가
> 크게 발달했어요. 특히 (귀족 | 서민)들이 즐기던 시와 글씨, 그림 등이 유행했어요.

04 당나라의 수도 장안에 대한 설명으로 <u>틀린</u> 것을 고르세요. (   )

① 주변 나라에서 온 사신, 유학생, 승려 들로 북적였어요.

② 세계 여러 나라에서 온 진귀한 물건들을 파는 가게가 많았어요.

③ 서역에서 온 상인들은 드나들 수 없었어요.

④ 세계에서 손꼽히는 국제도시였어요.

어휘

무관 군에 소속되어 군사 일을 담당하는 관리.

문관 옛날에 나라에서 실시하는 과거 시험에 합격한 고급 관리.

바닷길 배를 타고 바다를 건너서 가는 길.

수공업 기계를 사용하지 않고 손과 간단한 도구만으로 상품을 만드는 작은 규모의 공업.

인쇄술 잉크를 사용하여 글자나 글, 그림 등을 종이나 천 등에 찍어 내는 기술.

화약 열이나 충격을 받으면 폭발하는 고체 또는 액체 상태의 물질.

01 낱말에 대한 설명이 맞으면 ○, 틀리면 ✕ 하세요.

(1) '바닷길'은 배를 타고 바다를 건너서 가는 길을 말해요.   （   ）

(2) '무관'은 군에 소속되어 군사 일을 담당하는 관리를 말해요.   （   ）

(3) '수공업'은 기계로 원료를 가공하여 상품이나 재료를 만드는 산업을
    말해요.   （   ）

(4) '인쇄술'은 잉크를 사용하여 글자나 글, 그림 등을 종이나 천 등에
    찍어 내는 기술을 말해요.   （   ）

02 뜻에 알맞은 낱말이 되도록 글자를 모두 찾아 ○ 하세요.

(1) 옛날에 나라에서 실시하는 과거
    시험에 합격한 고급 관리.   개   문   산   기   관

(2) 열이나 충격을 받으면 폭발하는 고체
    또는 액체 상태의 물질.   화   좌   용   약   각

03 빈 곳에 알맞은 낱말을 보기 에서 찾아 쓰세요.

| 보기 | 문관 | 화약 | 무관 | 바닷길 | 수공업 | 인쇄술 |

(1) 기계로 물건을 만들기 시작하면서 손으로 물건을 만드는 _____이 쇠퇴했어요.

(2) 태풍이 온다는 소식에 남해안의 섬으로 가는 _____이 막혔어요.

(3) _____의 발달로 책을 한꺼번에 많이 찍어 낼 수 있게 되었어요.

(4) 공사장에서 큰 바위를 부수려고 _____을 터뜨렸어요.

(5) 적들이 쳐들어오자 _____들은 병사들을 이끌고 용감히 싸웠어요.

(6) 조선 시대에는 학문을 중시해 무관보다는 _____을 우대했어요.

학문과 문관을 중시한 송나라

당나라가 멸망한 후, 중국에서는 50년 넘게 여러 나라가 세워졌다 없어지며 혼란이 계속되었어요. 그러다가 960년에 조광윤이 송나라를 세우고 황제 자리에 올라 태조가 된 뒤, 중국을 통일했어요.

태조는 군사력을 가진 무관들이 반란을 일으킬까 우려해 무관들의 권한을 축소하고 군대의 지휘권을 차지했어요. 그리고 문관을 중심으로 나라를 다스리는 문치주의 정책을 폈지요. 태조는 과거제를 통해 관리를 뽑았는데, 마지막 시험에서는 시험관으로 참여해 합격자를 직접 뽑았어요. 그래서 관리가 된 사람들은 자신을 뽑은 태조에게 충성을 다해 태조의 권력이 더욱 강화되었어요.

송나라 때는 농업 기술의 발달로 농업이 크게 발전했어요. 또 솜씨 좋은 기술자나 큰 규모의 상점을 운영하는 상인이 나타나는 등 수공업과 상업이 발달하여 동전이나 지폐 같은 화폐가 널리 사용되었어요. 서민 문화도 크게 발달해 도시에는 노래 공연과 연극 등을 볼 수 있는 오락 시설도 생겨났어요.

송나라 때는 과학 기술도 크게 발달했어요. 학문을 중시하는 문화에 힘입어 목판 인쇄술이 발달해 다양한 책이 출판되었어요. 또 화약으로 새로운 무기를 만들어 전쟁터에서 사용했어요. 일정한 방향을 알려 주는 나침반도 발명되어 바닷길을 이용해 무역하는 상인들에게 큰 도움이 되었지요.

송나라는 문관들만 우대하다 보니 군사력이 약해져 주변 나라들의 침략을 자주 받았어요. 그러다 결국 여진족이 세운 금나라에 북쪽 땅을 빼앗기고 남쪽으로 쫓겨 갔어요. 송나라가 남쪽으로 수도를 옮긴 때부터 멸망할 때까지를 '남송'이라고 불러요.

01 송나라 태조에 대한 설명으로 맞는 것을 모두 고르세요. (,   )

① 송나라를 세우고 중국을 통일했어요.

② 군대의 지휘권을 무관들에게 주었어요.

③ 문관을 중심으로 나라를 다스렸어요.

④ 좋은 가문의 자제들만 관리로 뽑아 썼어요.

02 송나라에 대한 설명이 맞으면 ○, 틀리면 ✕ 하세요.

⑴ 농업 기술이 발달해 농업이 크게 발전했어요.   (   )

⑵ 수공업과 상업이 발달했어요.   (   )

⑶ 화폐가 널리 사용되었어요.   (   )

⑷ 귀족 문화만 발달하고 서민들은 문화를 즐기지 못했어요.   (   )

03 송나라 때 발명한 것으로, 일정한 방향을 알려 주어 바닷길을 이용해 무역하는 상인들에게 큰 도움이 된 것은 무엇인지 쓰세요.

04 송나라에 대한 글을 읽고, 빈 곳에 알맞은 말을 쓰세요.

군사력이 약해진 송나라는 여진족이 세운 _____에 북쪽 땅을 빼앗기고 남쪽으로 쫓겨 갔어요. 송나라가 남쪽으로 수도를 옮긴 때부터 멸망할 때까지를 _____이라고 불러요.

기마병 말을 타고 싸우는 병사.

부족장 부족에서 지위가 가장 높은 사람.

우두머리 어떤 일이나 집단에서 가장 뛰어나거나 지위가 높은 사람.

이슬람 이슬람교를 국교로 삼은 나라들이나 그런 문화권.

총지휘관 군 전체를 지휘하는 사람.

항복 적이나 상대편의 힘에 눌려 자신의 뜻을 굽히고 복종함.

01 낱말의 뜻을 보기 에서 찾아 기호를 쓰세요.

보기

㉠ 부족에서 지위가 가장 높은 사람.
㉡ 말을 타고 싸우는 병사.
㉢ 이슬람교를 국교로 삼은 나라들이나 그런 문화권.
㉣ 적이나 상대편의 힘에 눌려 자신의 뜻을 굽히고 복종함.
㉤ 어떤 일이나 집단에서 가장 뛰어나거나 지위가 높은 사람.
㉥ 군 전체를 지휘하는 사람.

(1) 항복 (   )　　(2) 우두머리 (   )　　(3) 이슬람 (   )

(4) 부족장 (   )　　(5) 총지휘관 (   )　　(6) 기마병 (   )

02 (   ) 안에서 알맞은 낱말을 골라 ○ 하세요.

(1) 전체 가톨릭교회의 (인정머리 | 우두머리)는 교황이에요.

(2) 몽골의 (기마병 | 열사병)이 말을 탄 채로 적의 장군을 향해 활을 쏘았어요.

03 빈칸에 알맞은 낱말을 찾아 선으로 이으세요.

(1) 부족 사람들은 부족을 이끌 새로운 □을 뽑았어요.　　•　　• ㉠ 총지휘관

(2) 이란, 사우디아라비아 등은 이슬람교를 믿는 □ 국가예요.　　•　　• ㉡ 이슬람

(3) 장군은 전쟁에서 □한 적들을 모두 풀어 주라고 명령했어요.　　•　　• ㉢ 부족장

(4) 군대의 □은 부하들을 이끌고 유럽으로 원정을 떠났어요.　　•　　• ㉣ 항복

세계에서 가장 큰 나라를 건설한 몽골 제국

13세기 이전 몽골 초원에서는 몽골족이 가축을 기르면서 살고 있었어요. 몽골족은 큰 나라를 이루지 못하고 여러 개의 작은 부족들로 나뉘어 있었지요. 그러던 중 테무친이라는 사람이 나타나 몽골 부족들을 차례로 정복하고 몽골족을 통일했어요. 이에 1206년, 부족장 회의에서 테무친은 몽골족의 전체 우두머리인 '대칸'으로 뽑혔는데, 이 사람이 바로 몽골 제국의 위대한 지배자, 칭기즈 칸이에요.

칭기즈 칸은 뛰어난 기마병을 앞세워 서하를 정복한 뒤 금나라를 공격해 금나라 황제에게 항복을 받아 냈어요. 그리고 중앙아시아에 있던 이슬람 왕국 호라즘을 정복했어요. 처음에 칭기즈 칸은 호라즘과 교역을 하려고 사신을 보냈어요. 그런데 호라즘 관리가 몽골 사신을 모두 죽여 버리자 칭기즈 칸은 대규모의 군사를 이끌고 가 호라즘을 정복해 버렸지요. 이후 칭기즈 칸의 군대는 서쪽으로 더 나아가 서아시아와 러시아 남부까지 침략했어요.

1227년에 칭기즈 칸이 죽고 셋째 아들인 오고타이가 대칸이 되었어요. 오고타이 칸은 금나라를 완전히 무너뜨렸어요. 그리고 조카인 바투를 총지휘관으로 삼아 몽골 군대를 유럽으로 보내 러시아 남부와 동유럽 일대를 정복해 버렸어요. 그 결과 몽골 제국은 중국, 중앙아시아, 서아시아, 유럽 일부에 이르는 대제국을 건설했어요.

칭기즈 칸의 손자이자 제5대 대칸이 된 쿠빌라이 칸은 몽골 제국의 수도를 지금의 베이징인 대도로 옮기고, 나라 이름을 중국식 이름인 '원'으로 바꾸었어요. 그런 다음 남송을 공격해 멸망시키고 유목 민족으로는 처음으로 중국 전 지역을 지배했답니다.

몽골 제국은 세계 역사상 가장 넓은 영토를 다스렸어.

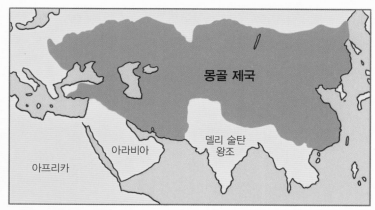

▲ 몽골 제국의 최대 영역

01 몽골족을 통일하고 대칸으로 뽑혀 몽골 제국의 지배자가 된 사람을 찾아 ○ 하세요.

칭기즈 칸	오고타이 칸	쿠빌라이 칸

02 칭기즈 칸에 대해 <u>틀리게</u> 말한 친구를 찾아 ○ 하세요.

서하를 정복했어. — 소라

송나라를 멸망시켰어. — 롱이

금나라의 항복을 받아 냈어. — 핫또야

호라즘을 정복했어. — 빵이

03 몽골 제국이 차지했던 곳을 모두 찾아 ⌒로 묶으세요.

중국	중앙아시아	북아프리카

일본	서아시아	유럽 일부

04 쿠빌라이 칸에 대한 글을 읽고, 빈 곳에 알맞은 말을 쓰세요.

(1) 몽골 제국의 수도를 지금의 베이징인 _____로 옮겼어요.

(2) 몽골 제국의 이름을 _____으로 바꾸었어요.

(3) _____을 멸망시키고, 중국 전 지역을 지배했어요.

다도 차를 준비하고 마실 때의 형식과 예절.

다도를 배웠으니 무릎을 꿇고 오른손으로 찻잔을 들고 차를 마셔 보세요.

무사 무술을 배우고 익혀 그것을 쓰는 일을 하는 사람.

음, 무사들이 무술 연습을 열심히 하는구나!

영주님을 잘 보호하기 위해 무술을 갈고닦고 있습니다.

막부 옛날에 일본을 통치한 쇼군 중심의 무사 정권.

막부의 최고 권력자인 나, 쇼군이 이제부터 일본을 통치한다.

쇼군 일본 막부의 우두머리.

우리 무사들의 정권인 막부를 위해 쇼군께 충성을 다하겠습니다.

네!

막부는 원래 장군이 전쟁터에서 임시로 머물던 곳을 가리키는 말이었대.

연합군 전쟁에서 둘 이상의 나라가 합쳐 이룬 군대.

우리는 원나라 군대다.

우리는 고려 군대다.

으악, 원나라와 고려 연합군이 쳐들어왔다!

천황 일본에서, 그 왕을 이르는 말.

천황 폐하 만세!

왜 일본에서는 왕을 천황이라고 부르지?

왕이 신의 후손이라고 생각해서 그렇게 부른대.

01 뜻에 알맞은 낱말이 되도록 보기 에서 글자를 모두 찾아 빈칸에 쓰세요.

보기　　무　　다　　쇼　　도　　사　　군

(1) 일본 막부의 우두머리. ☐ ☐

(2) 차를 준비하고 마실 때의 형식과 예절. ☐ ☐

(3) 무술을 배우고 익혀 그것을 쓰는 일을 하는 사람. ☐ ☐

02 낱말과 그 뜻이 바르게 짝 지어진 것을 모두 찾아 ✔ 하세요.

(1) 막부 – 옛날에 일본을 통치한 천황 중심의 문인 정부. ☐

(2) 천황 – 일본에서, 그 왕을 이르는 말. ☐

(3) 연합군 – 전쟁에서 둘 이상의 나라가 합쳐 이룬 군대. ☐

03 ( ) 안에 알맞은 낱말을 보기 에서 찾아 기호를 쓰세요.

보기　　㉠ 천황　　㉡ 막부　　㉢ 무사　　㉣ 다도　　㉤ 쇼군　　㉥ 연합군

(1) 머리를 올려 묶고 허리에 칼을 찬 (　　　)들이 쇼군 앞에 무릎을 꿇었어요.

(2) 일본에는 (　　　)이라고 불리는 왕이 있어요.

(3) 쇼군이 통치하는 무사 정권인 (　　　)는 가마쿠라 지역에 처음 세워졌어요.

(4) 무사들은 막부의 우두머리인 (　　　)에게 충성을 맹세했어요.

(5) 우리 군대는 전쟁에서 이기기 위해 다른 나라 군대와 (　　　)을 만들었어요.

(6) 우리나라 전통차를 마시며 (　　　) 예절을 배웠어요.

무사들이 권력을 잡은 일본

10세기 무렵, 일본에서는 천황의 권력이 약해져 혼란이 계속되었어요. 그러자 귀족과 지방 세력은 자기 땅과 재산을 보호해 줄 무사들을 고용했어요. 이후 무사의 수가 늘고 그들이 중요한 임무를 맡으면서 무사들의 세력이 점점 커졌어요. 무사들은 권력을 차지하기 위해 서로 싸웠고, 12세기 말에 미나모토노 요리토모가 군사를 일으켜 권력을 잡았어요. 요리토모는 가마쿠라에 '막부'라는 무사 정권을 처음 세우고 자신은 일본의 실질적인 지배자인 '쇼군'이 되었어요. 가마쿠라 막부가 세워진 이때부터 천황은 형식적인 지위만 유지하는 상징적인 존재가 되었지요.

가마쿠라 막부의 쇼군은 자신을 따르는 무사들에게 땅을 나누어 주었고, 땅을 받은 무사들은 영주, 즉 다이묘가 되었어요. 다이묘들은 쇼군에게 충성과 복종을 맹세하고, 전쟁이 일어나면 쇼군을 위해 싸웠지요. 가마쿠라 막부는 조공을 바치라는 원나라의 요구를 거절해 원나라와 고려 연합군의 침략을 두 번이나 받았어요. 가마쿠라 막부는 연합군의 침략은 막아 냈지만 재정이 안 좋아지면서 결국 무너지고 말았어요.

그 후 오랜 혼란 끝에 아시카가 다카우지가 무로마치 막부를 세우고 권력을 차지했어요. 무로마치 막부는 오랫동안 일본의 중심지였던 교토에 자리를 잡았어요. 무로마치 막부 시대에는 농업과 상업이 발달해 부유한 농민과 상민이 등장했으며 서민들의 지위도 향상되었어요. 무사와 서민들이 차를 마시는 것을 즐겨 다도가 유행하였고, 집 안을 장식하는 꽃꽂이와 가면을 쓰고 춤과 노래를 하는 가면 음악극도 유행했어요.

무로마치 막부는 한동안 안정을 누렸지만 쇼군의 후계자를 둘러싼 싸움이 일어나 막부의 힘이 약해졌어요. 그러자 각 지방의 다이묘들이 서로 권력을 차지하려고 끊임없이 전쟁을 벌이면서 나라가 혼란에 빠지고 말았답니다.

01 가마쿠라 막부와 무로마치 막부 중에서 어느 막부에 대한 설명인지 쓰세요.

- 미나모토노 요리토모가 세웠어요.

- 막부를 처음 세웠어요.

- 아시카가 다카우지가 세웠어요.

- 교토에 자리를 잡았어요.

(1) (   )   (2) (   )

02 가마쿠라 막부가 세워지게 된 과정의 순서대로 번호를 쓰세요.

무사의 수가 늘고 세력이 점점 커지자 무사들은 권력을 차지하기 위해 서로 싸웠어요. ☐

미나모토노 요리토모가 권력을 잡아 막부를 세우고 쇼군이 되었어요. ☐

천황의 권력이 약해지자 귀족과 지방 세력이 자기 땅과 재산을 보호하려고 무사들을 고용했어요. ☐

03 가마쿠라 막부 시대 때 쇼군과 다이묘의 관계에 대한 설명으로 맞는 것을 모두 고르세요.

(,   )

① 다이묘들은 쇼군에게 땅을 받았어요.

② 쇼군은 다이묘들에게 충성과 복종을 맹세했어요.

③ 다이묘들은 전쟁이 일어나면 쇼군을 위해 싸웠어요.

④ 쇼군과 다이묘들은 동등한 권력을 가졌어요.

04 무로마치 막부 시대에 대한 설명이 맞으면 ○, 틀리면 × 하세요.

(1) 어업과 수공업이 발달했어요.   (   )

(2) 서민들의 지위가 향상되었어요.   (   )

(3) 귀족들 사이에서만 다도가 유행했어요.   (   )

(4) 꽃꽂이와 가면 음악극이 유행했어요.   (   )

 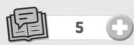
↪ 낱말을 보고, 사다리를 타고 내려가서 낱말의 뜻을 보기에서 찾아 ( ) 안에 번호를 쓰세요.

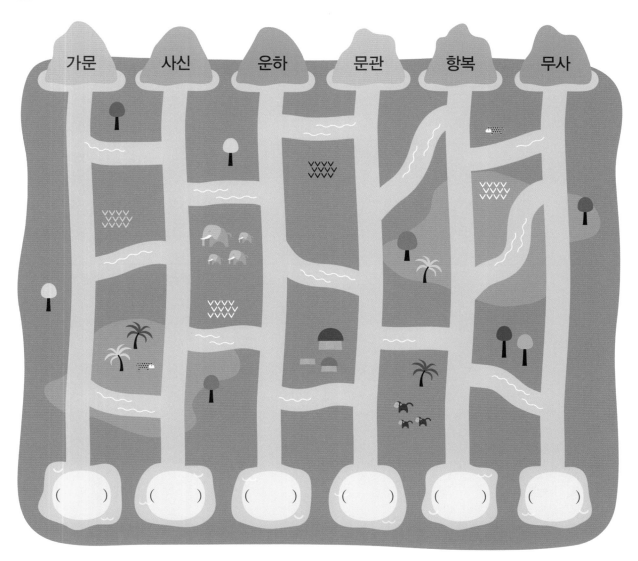

보기

① 배가 다니거나 물을 끌어 쓸 수 있도록 육지에 파 놓은 물길.

② 적이나 상대편의 힘에 눌려 자신의 뜻을 굽히고 복종함.

③ 한 조상으로부터 이어져 내려오는 집안. 또는 그 사회적 지위.

④ 무술을 배우고 익혀 그것을 쓰는 일을 하는 사람.

⑤ 옛날에 나라에서 실시하는 과거 시험에 합격한 고급 관리.

⑥ 옛날에 임금이나 나라의 명령을 받고 다른 나라에 파견되는 신하.

➡️ 글의 내용이 맞으면 ○, 틀리면 ✕를 각 문제 번호가 쓰인 빙고 판에 표시하세요. 그런 다음 빙고가 모두 몇 개 나왔는지 빈칸에 쓰세요.

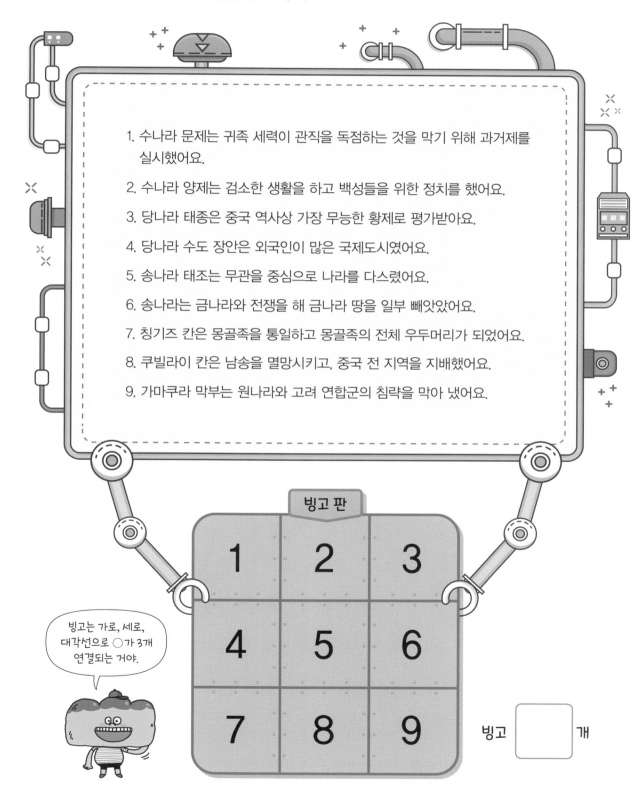

1. 수나라 문제는 귀족 세력이 관직을 독점하는 것을 막기 위해 과거제를 실시했어요.

2. 수나라 양제는 검소한 생활을 하고 백성들을 위한 정치를 했어요.

3. 당나라 태종은 중국 역사상 가장 무능한 황제로 평가받아요.

4. 당나라 수도 장안은 외국인이 많은 국제도시였어요.

5. 송나라 태조는 무관을 중심으로 나라를 다스렸어요.

6. 송나라는 금나라와 전쟁을 해 금나라 땅을 일부 빼앗았어요.

7. 칭기즈 칸은 몽골족을 통일하고 몽골족의 전체 우두머리가 되었어요.

8. 쿠빌라이 칸은 남송을 멸망시키고, 중국 전 지역을 지배했어요.

9. 가마쿠라 막부는 원나라와 고려 연합군의 침략을 막아 냈어요.

빙고 판

1	2	3
4	5	6
7	8	9

빙고는 가로, 세로, 대각선으로 ○가 3개 연결되는 거야.

빙고 [ ] 개

2주 중세 인도와 서아시아

1일

어휘 | 다신교, 민간 신앙, 벽화, 석굴 사원, 왕조, 천문학

독해 | 힌두교를 바탕으로 한 굽타 왕조

2일

어휘 | 계시, 명상, 성스럽다, 우상 숭배, 전파, 평등

독해 | 이슬람교를 창시한 무함마드

3일

어휘 | 개종, 선출, 세습, 우대, 차별, 후손

독해 | 이슬람 제국의 성장

5일

어휘 | 독창적, 법학, 돔, 모스크, 변형, 서적
독해 | 독특하고 아름다운 이슬람 문화

4일

어휘 | 분열, 성지, 십자군 전쟁, 용병, 칭호
독해 | 이슬람 제국의 새 주인공, 셀주크 튀르크

6일

복습
교과서 속 세계 인물

어휘

다신교 여러 신을 섬기는 종교.

인도 사람들이 믿는 힌두교는 시바, 가네샤, 브라흐마 같은 여러 신을 믿는 다신교야.

민간 신앙 사람들 사이에 옛날부터 이어져 내려오는 신앙.

우리 조상들은 이렇게 돌을 쌓고 소원을 빌면 소원이 이루어진다고 믿었단다.

우리나라의 민간 신앙 중 하나지.

벽화 건물이나 동굴, 무덤 등의 벽에 그린 그림.

이 동굴에는 옛날 사람들이 남긴 벽화가 많단다.

동굴 벽에 동물 그림이 그려져 있어요.

석굴 사원 암벽에 굴을 파서 그 안에 불상을 모셔 두거나 벽면에 불상을 새겨서 만든 절.

인도에 있는 아잔타 석굴 사원이야. 암벽에 굴을 파서 만든 절이지.

왕조 같은 집안에서 난 왕들의 계열. 또는 그런 왕들이 다스리는 시대.

굽타 왕조는 찬드라굽타 1세부터 시작해 550년경까지 인도 북부를 다스렸던 왕조야.

제1대 제2대 제3대
제4대 제5대

천문학 우주에 있는 온갖 것을 연구하는 학문.

난 커서 천문학을 공부할 거야.

별과 행성을 관찰하는 게 너무 재미있어.

01 빈 곳에 알맞은 낱말을 보기 에서 찾아 쓰세요.

보기   절   벽   왕조   우주   다신교   민간 신앙

(1) 벽화: 건물이나 동굴, 무덤 등의 _____에 그린 그림.

(2) _____: 여러 신을 섬기는 종교.

(3) 천문학: _____에 있는 온갖 것을 연구하는 학문.

(4) _____: 사람들 사이에 옛날부터 이어져 내려오는 신앙.

(5) _____: 같은 집안에서 난 왕들의 계열. 또는 그런 왕들이 다스리는 시대.

(6) 석굴 사원: 암벽에 굴을 파서 그 안에 불상을 모셔 두거나 벽면에 불상을 새겨서
만든 _____.

02 ( ) 안에서 알맞은 낱말을 골라 ○ 하세요.

(1) 원시인들이 동굴에 그린 (벽화 | 녹화)에는 사냥하는 모습이 그려져 있어요.

(2) 태조 이성계가 연 조선 (왕도 | 왕조)는 순종까지 518년간 이어졌어요.

(3) 우리 부족은 열 명의 신을 섬기는 (일신교 | 다신교)를 믿어요.

03 밑줄 친 낱말의 쓰임이 틀린 것을 찾아 ✔ 하세요.

(1) 암벽을 파서 만든 인도의 석굴 사원에는 부처 조각상들이 많아요.   ☐

(2) 기독교는 아주 오래전부터 우리나라에 전해 내려오는 민간 신앙이에요.   ☐

(3) 망원경의 발명으로 우주를 관찰하게 되면서 천문학이 급격히 발달했어요.   ☐

힌두교를 바탕으로 한 굽타 왕조

불교를 바탕으로 인도 북부를 다스리던 쿠샨 왕조가 약해지자, 인도 북부는 여러 나라로 나뉘었어요. 그러던 중 5세기 초 굽타 왕조가 인도 북부를 통일했지요.

▲ 굽타 왕조의 최대 영역

굽타 왕조는 4세기 초 찬드라굽타 1세가 인도 북동부에 세운 왕조예요. 굽타 왕조는 점점 힘을 키워 가다가 제3대 왕인 찬드라굽타 2세 때 여러 나라를 정복해 인도 북부 대부분을 통일했어요.

나라가 안정되자 굽타 왕조는 바닷길과 육로를 통해 동쪽으로는 중국과 동아시아, 서쪽으로는 로마 제국과 서아시아를 오가며 활발하게 무역을 했어요. 그로 인해 경제가 발전했고, 사람들의 생활은 풍요로워졌지요.

굽타 왕조 때는 힌두교가 탄생해 널리 퍼져 나갔어요. 힌두교는 기존에 있던 브라만교에 인도의 민간 신앙과 불교가 더해져 탄생한 종교로, 여러 신을 믿는 다신교예요. 복잡하고 사치스러운 의식으로 비판받던 브라만교와 달리, 힌두교는 제사 의식이 간단해 사람들이 쉽게 믿을 수 있었지요. 힌두교의 발달로 이전까지 발달했던 불교는 점차 쇠퇴했어요. 또 힌두교에서는 카스트제의 신분 제도를 중요하게 여겼기 때문에 굽타 왕조 때에는 신분의 구별이 더 엄격해졌지요.

굽타 왕조 시기에는 인도 고유의 문화가 크게 발달했어요. 산스크리트어가 공용어로 사용되면서 이 언어로 쓰인 산스크리트 문학이 발달했고, 인도의 2대 서사시라고 불리는 「마하바라타」, 「라마야나」가 완성되었어요. 미술에서는 석굴 사원의 벽화와 불상을 만들며 인물의 생김새와 옷차림에서 인도 사람들의 모습이 잘 드러나도록 표현했어요. 수학과 천문학도 크게 발달해 '영(0)'의 개념을 발견했고, 지구가 태양의 주위를 돈다고 주장하는 천문학자도 나왔어요.

01 굽타 왕조의 제3대 왕으로, 인도 북부 대부분을 통일한 사람을 찾아 ○ 하세요.

찬드라굽타 1세   찬드라굽타 2세   찬드라굽타 3세

02 굽타 왕조에 대한 설명으로 맞는 것을 모두 찾아 ✔ 하세요.

(1) 여러 나라와 활발하게 무역해 나라 경제가 발전했어요. ☐

(2) 불교가 크게 번성해 불교 신자가 많았어요. ☐

(3) 카스트제의 신분 제도를 중요하게 여겨 신분의 구별이 엄격했어요. ☐

03 힌두교에 대한 설명을 읽고, 보기 에서 알맞은 말을 찾아 빈 곳에 쓰세요.

| 보기 | 쿠샨 | 굽타 | 자이나교 | 브라만교 |

(1) 힌두교는 인도의 _____ 왕조 때 탄생한 종교예요.

(2) 힌두교는 _____ 에 인도의 민간 신앙과 불교가 더해진 종교예요.

04 굽타 왕조 시대의 문화에 대해 <u>틀리게</u> 말한 아이의 이름을 쓰세요. (   )

• 은서 : 인도 고유의 문화가 크게 발달했어.

• 민재 : 「마하바라타」, 「라마야나」라는 서사시가 완성되었어.

• 예은 : 십(10)의 개념을 발견했어.

• 승현 : 산스크리트 문학이 발달했어.

어휘

계시 사람의 지혜로써는 알 수 없는 진리를 신이 가르쳐 알게 함. 또는 그런 진리.

명상 조용하고 평온한 상태에서 깊이 생각함. 또는 그런 생각.

성스럽다 함부로 가까이할 수 없을 만큼 순결하고 위대하다.

우상 숭배 신이 아닌 사람이나 물체를 신과 같이 여기고 우러러 받드는 것.

전파 전하여 널리 퍼지게 함.

평등 권리, 의무, 자격 등이 차별 없이 고르고 똑같음.

01 낱말의 뜻을 찾아 선으로 이으세요.

(1) 전파 •

(2) 우상 숭배 •

(3) 성스럽다 •

• ㉠ 신이 아닌 사람이나 물체를 신과 같이 여기고 우러러 받드는 것.

• ㉡ 전하여 널리 퍼지게 함.

• ㉢ 함부로 가까이할 수 없을 만큼 순결하고 위대하다.

02 뜻에 알맞은 낱말이 되도록 보기 에서 글자를 모두 찾아 빈칸에 쓰세요.

보기	계	명	평	상	등	시

(1) 조용하고 평온한 상태에서 깊이 생각함. 또는 그런 생각.　　□ □

(2) 권리, 의무, 자격 등이 차별 없이 고르고 똑같음.　　□ □

(3) 사람의 지혜로써는 알 수 없는 진리를 신이 가르쳐 알게 함.
또는 그런 진리.　　□ □

03 ( ) 안에서 알맞은 낱말을 골라 ○ 하세요.

(1) 모든 국민은 법 앞에서 차별 없이 (평등 | 차등)해요.

(2) 나는 자기 전에 조용한 음악을 틀어 놓고 (영상 | 명상)을 해요.

(3) 불상이 있는 절 안에 들어가니 (상스러운 | 성스러운) 느낌이 들었어요.

(4) 그는 꿈에서 가난한 사람들을 도우라는 신의 (계시 | 고시)를 받았어요.

(5) 기독교에서는 하느님 이외의 다른 신에게 절하는 것을 (우상 숭배 | 자연 숭배)로 여겨요.

(6) 그는 인도네시아의 한 마을에 한국어와 한국 문화를 (전진 | 전파)했어요.

이슬람교를 창시한 무함마드

아라비아반도에는 이슬람교도가 많아요. 아라비아반도에 있는 사우디아라비아의 도시 메카에서 이슬람교가 생겼기 때문이지요.

6세기 무렵, 중국과 서역을 오가던 상인들은 전쟁으로 인해 비단길을 이용하기 어려워지자 아라비아반도를 지나는 새로운 길을 찾았어요. 그로 인해 아라비아반도의 메카나 메디나 같은 도시들이 무역의 중심지가 되었어요.

이 시기 메카에는 이슬람교를 창시한 '무함마드'가 살고 있었어요. 메카의 상인이었던 무함마드는 진리를 깨닫고자 동굴 속에 들어가 명상을 하곤 했어요. 그러던 어느 날, 천사가 나타나 무함마드에게 신의 계시를 전했어요. 무함마드는 사람들에게 우상 숭배를 하지 말고 유일신인 알라를 믿으라고 했어요. 또 모든 사람은 신 앞에서 평등하다고 말하며 이슬람교를 전파했어요. 그러자 가난하고 힘없는 사람들이 하나둘 이슬람교를 믿기 시작했지요.

하지만 다신교를 믿던 메카의 귀족들은 무함마드를 못마땅하게 여겨 죽이려고 했어요. 위험을 느낀 무함마드는 622년에 자신을 믿는 사람들을 이끌고 메디나로 옮겨 갔어요. 이것을 '성스러운 이주'라는 뜻의 '헤지라'라고 하는데, 이슬람교에서는 헤지라가 있었던 이해를 이슬람교가 시작된 해로 삼고 있어요.

무함마드는 메디나에서 세력을 키운 뒤 메카의 군대와 전쟁을 벌였어요. 무함마드의 군대를 당해 낼 수 없었던 메카의 군대는 항복했고, 무함마드는 메카로 돌아올 수 있었어요.

메카를 장악한 무함마드는 아라비아 부족들을 차례로 정복해 아라비아반도를 통일했어요. 그 이후 아라비아반도에는 이슬람교가 굳건히 자리 잡을 수 있었지요.

전 세계 이슬람교도들은 매일 이곳을 향해 기도를 올려.

▲ 메카의 카바 신전

01 다음 물음에 알맞은 말을 쓰세요.

(1) 이슬람교를 창시한 사람은 누구인가요?

(2) 이슬람교가 처음 생긴 도시는 어디인가요?

02 무함마드에 대해 바르게 말한 친구를 모두 찾아 ○ 하세요.

메디나의 상인이었어.
롱이

명상을 하다가 신의 계시를 받았어.
핫또야

사람들에게 우상 숭배를 하지 말라고 했어.
빵이

메카 귀족들의 지지를 받았어.
소라

03 이슬람교에 대한 설명이 맞으면 ○, 틀리면 ✕ 하세요.

(1) 유일신인 알라를 믿어요.   (   )

(2) 우상을 숭배하는 종교예요.   (   )

(3) 이슬람교에서는 모든 사람이 신 앞에서 평등하다고 해요.   (   )

(4) 이슬람교가 시작된 해는 무함마드가 메카에서 신의 계시를 받은 해예요. (   )

04 이슬람교가 아라비아반도에 자리 잡은 과정의 순서대로 번호를 쓰세요.

무함마드가 자신을 죽이려는 메카의 귀족들을 피해 메디나로 옮겨 갔어요. ☐

무함마드가 메카의 동굴 속에서 명상을 하다 신의 계시를 받고 이슬람교를 창시했어요. ☐

무함마드가 세력을 키운 뒤 메카로 돌아와 아라비아반도를 통일했어요. ☐

개종 가지고 있던 종교를 버리고 다른 종교로 바꿈.

선출 여럿 가운데서 가려 뽑음.

세습 재산이나 신분, 직업 등을 대를 이어 물려주고 물려받음.

우대 특별히 잘 대우함. 또는 그런 대우.

차별 둘 이상의 대상을 차이를 두어서 구별함.

후손 자신의 세대에서 여러 세대가 지난 뒤의 자녀.

01 낱말과 그 뜻이 바르게 짝 지어진 것을 모두 찾아 ✔ 하세요.

(1) 우대 – 특별히 잘 대우함. 또는 그런 대우. ☐

(2) 후손 – 자신이 살고 있는 세대 이전의 모든 세대. ☐

(3) 개종 – 가지고 있던 종교를 버리고 다른 종교로 바꿈. ☐

(4) 차별 – 한쪽으로 치우치지 않고 모든 사람에게 고름. ☐

(5) 세습 – 재산이나 신분, 직업 등을 대를 이어 물려주고 물려받음. ☐

(6) 선출 – 여럿 가운데서 어떤 것을 특별히 더 좋아함. ☐

02 밑줄 친 낱말을 틀리게 사용한 친구를 찾아 ○ 하세요.

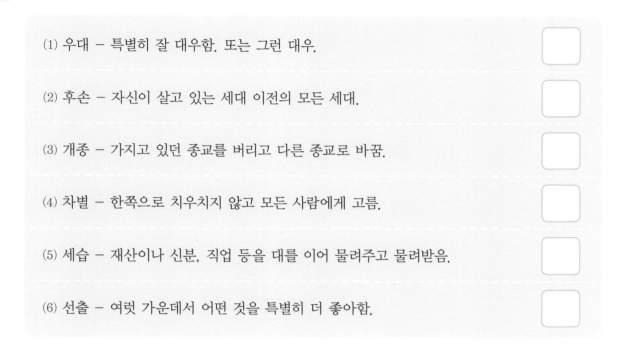

우리는 문화재를 잘 보존해서 **후손**들에게 물려주어야 해.
꽈리

아빠의 곱슬머리와 큰 눈은 아들에게 **세습**되었어.
빵이

내 친구가 새로운 학생회장으로 **선출**되었어.
소라

03 빈칸에 알맞은 낱말을 찾아 선으로 이으세요.

(1) 옛날에 흑인들은 피부색이 검다는 이유로 심한 ☐을 받았어요.   •   • ㉠ 차별

(2) 그는 기독교 집안에서 태어났지만 최근에 종교를 불교로 ☐했어요.   •   • ㉡ 우대

(3) 우리 마트는 직원을 뽑을 때 물건을 팔아 본 경험이 있는 사람을 ☐하고 있어요.   •   • ㉢ 개종

이슬람 제국의 성장

632년에 무함마드가 죽자 선거를 통해 뽑힌 '칼리프'라고 불리는 지도자가 이슬람 세력을 이끌었어요. 칼리프는 '무함마드의 뒤를 잇는 사람'이라는 뜻을 가진 말로, 이슬람교의 종교와 정치의 지도자이자 군사를 이끄는 역할도 맡아 했지요.

이슬람 세력은 칼리프의 통치를 받으며 사산 왕조 페르시아, 시리아, 이집트 등을 정복했어요. 이슬람 세력은 정복한 지역에 사는 사람들에게 이슬람교를 믿으라고 강요하지 않았어요. 세금만 내면 원래 가진 종교와 재산을 유지할 수 있게 해 주었지요. 이런 정책 덕분에 스스로 이슬람교로 개종하는 사람들이 늘어났어요.

이렇게 이슬람 제국의 세력이 커지자 지배층 사이에 다툼이 일어났어요. 제3대 칼리프가 암살되고, 누가 그를 암살한 것인지 밝혀지지 않은 채 제4대 칼리프가 선출되었어요. 그러자 이에 불만을 가진 우마이야 가문의 무아위야가 반란을 일으켜 칼리프 자리를 차지했어요. 무아위야는 죽기 전 아들에게 칼리프 자리를 물려주어 우마이야 왕조가 세워졌어요, 그리고 이때부터 칼리프 자리가 세습되었지요.

우마이야 왕조는 중앙아시아, 북아프리카, 이베리아반도까지 진출하여 이슬람 역사상 가장 넓은 땅을 차지했어요. 그러나 아랍어를 사용하는 민족인 아랍인을 우대하는 정책을 펴서 아랍인은 세금도 거의 내지 않고, 주요 관직도 차지했어요. 반면에 정복지 주민은 아랍인이 아니라서 이슬람교를 믿더라도 세금을 많이 내야 했고 관직도 차지할 수 없었지요. 결국 우마이야 왕조는 아랍인 우대 정책에 불만을 가진 사람들과 무함마드의 후손이 칼리프가 되어야 한다고 생각하는 사람들이 모여서 세운 아바스 왕조에 의해 멸망했어요.

아바스 왕조는 아랍인이 아닌 사람들을 차별하지 않고, 모든 이슬람교도를 평등하게 대했어요. 그리고 다양한 민족과 문화를 받아들여 이슬람 문화를 더욱 풍부하게 만들었답니다.

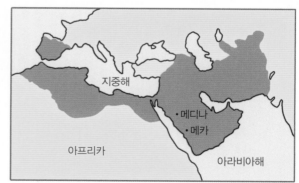

▲ 우마이야 왕조 시대의 최대 영역

01 이슬람 세력을 이끄는 지도자를 부르는 말로, '무함마드의 뒤를 잇는 사람'이라는 뜻을 가진 말은 무엇인지 쓰세요.

02 우마이야 왕조에 대한 설명으로 <u>틀린</u> 것을 고르세요. (   )

① 무아위야가 반란을 일으켜 칼리프 자리를 차지했어요.

② 군사력이 약해 주변 민족의 침략을 많이 받았어요.

③ 칼리프 자리가 세습되었어요.

④ 아랍인이 아닌 정복지 주민에게는 세금을 많이 내게 했어요.

03 아바스 왕조에 대한 글을 읽고, 알맞은 말에 ○ 하세요.

(1) 아랍인 우대 정책에 불만을 가진 사람들과 무함마드의 (제자 | 후손)이/가 칼리프가 되어야 한다고 생각하는 사람들이 모여서 세운 왕조예요.

(2) 모든 이슬람교도를 (열등하게 | 평등하게) 대했어요.

04 이슬람 제국에 대해 바르게 말한 아이를 모두 찾아 이름을 쓰세요. (,   )

• **하연** : 우마이야 왕조 때 이슬람 역사상 가장 넓은 땅을 차지했어.

• **재우** : 정복한 지역에 사는 사람들에게 이슬람교를 믿으라고 강요했어.

• **민석** : 칼리프는 정치를 맡았고, 종교의 우두머리는 다른 사람이 맡았어.

• **다빈** : 우마이야 왕조의 뒤를 이어 아바스 왕조가 이슬람 세계를 지배했어.

어휘

분열 하나의 집단, 단체, 사상 등이 여러 개로 갈라져 나뉨.

성지 그 종교가 처음으로 생겨난 곳과 같이 특정 종교에서 신성하게 여기는 장소.

> 어느 팀이 우승할까요?

> 쟤들은 원래 한 팀이었는데, 의견 차이로 팀이 분열됐어.

> 이슬람교를 만든 무함마드께서 태어나신 메카에 오다니 정말 감격스러워!

> 메카는 이슬람교도들이 꼭 오고 싶어 하는 성지야.

십자군 전쟁 중세 유럽에서, 크리스트교도가 예루살렘을 이슬람교도로부터 되찾기 위해 일으킨 전쟁.

> 이슬람인들을 무찌르고 우리 크리스트교의 성지인 예루살렘을 되찾읍시다!

> 이슬람인들을 무찌르자!

> 예루살렘을 빼앗길 수 없다. 맞서 싸우자!

> 중세 유럽에서는 예루살렘을 두고 십자군 전쟁이 수차례 일어났어.

용병 돈을 주며 병사를 부려 씀. 또는 돈을 주며 부려 쓰는 병사.

칭호 어떠한 뜻으로 부르거나 말하는 이름.

> 내가 매달 돈을 줄 테니 용병이 되어 내 집안을 지켜 주게나.

> 네!

> 저 배우, 연기 정말 잘한다!

> 연기가 아주 뛰어나서 국민 배우라는 칭호를 얻었잖아.

01 낱말의 뜻을 보기 에서 찾아 기호를 쓰세요.

보기

㉠ 어떠한 뜻으로 부르거나 말하는 이름.

㉡ 하나의 집단, 단체, 사상 등이 여러 개로 갈라져 나뉨.

㉢ 돈을 주며 병사를 부려 씀. 또는 돈을 주며 부려 쓰는 병사.

(1) 분열 (   )   (2) 용병 (   )   (3) 칭호 (   )

02 (   ) 안에서 알맞은 낱말을 골라 ○ 하세요.

(1) 성지 : 그 종교가 처음으로 생겨난 곳과 같이 특정 종교에서 (신성하게 | 하찮게)
여기는 장소.

(2) 십자군 전쟁 : 중세 유럽에서, 크리스트교도가 (메디나 | 예루살렘)을/를
이슬람교도로부터 되찾기 위해 일으킨 전쟁.

03 빈 곳에 알맞은 낱말을 보기 에서 찾아 쓰세요.

보기   성지   칭호   분열   용병   십자군 전쟁

(1) 부자인 이슬람 상인은 자신을 지켜 줄 _____을 돈을 주고 구했어요.

(2) 황제라는 _____는 중국 진나라의 시황제가 처음 사용했어요.

(3) 학생회는 임원들끼리 의견이 갈라져 _____될 위기에 놓였어요.

(4) 예수가 활동했던 예루살렘은 크리스트교도에게 중요한 _____예요.

(5) 중세 때 예루살렘을 두고 크리스트교도들과 이슬람교도들이 _____을
벌였어요.

이슬람 제국의 새 주인공, 셀주크 튀르크

무함마드 이후 이슬람 제국을 통치한 민족은 줄곧 아랍인이었어요. 그러나 이런 상황은 튀르크족의 한 부족인 셀주크 튀르크가 등장하면서 그리 오래가지 않았어요.

튀르크족은 6, 7세기 무렵 중국 북쪽에 살던 유목 민족이에요. 이들은 한때 독립된 나라를 세우기도 했지만 나라가 멸망한 뒤, 일부는 중국에 흡수되고 일부는 서쪽으로 이동해 이슬람 제국으로 들어갔어요. 용맹한 튀르크족들은 이슬람 제국에서 용병으로 활약하면서 이슬람교를 받아들이고 세력을 키웠어요.

이슬람 제국은 아바스 왕조의 힘이 약해지자 여러 개의 작은 나라로 나뉘었어요. 튀르크족도 아프가니스탄 지방에 가즈니 왕조를 세웠지요. 가즈니 왕조가 쇠퇴하자 셀주크 튀르크가 새 왕조를 세우고 주변의 이슬람 국가들을 하나씩 점령했어요. 그러고는 마침내 아바스 왕조의 수도인 바그다드까지 점령했지요.

아바스 왕조의 칼리프는 셀주크 튀르크의 왕에게 이슬람 세계의 정치적 지배자를 뜻하는 '술탄'이라는 칭호를 내리고 이슬람 제국을 다스릴 권한을 주었어요. 이후 술탄은 이슬람 제국의 정치적 지도자가 되었고, 칼리프는 종교 지도자로만 남게 되었어요.

셀주크 튀르크는 점점 세력을 넓혀 갔어요. 서아시아와 중앙아시아를 차지하고 크리스트교의 성지인 예루살렘을 정복했어요. 또 유럽으로 가는 길목에 있던 비잔티움 제국을 공격했지요. 이에 위협을 느낀 비잔티움 제국의 황제가 로마 교황에게 도움을 청하면서 십자군 전쟁이 일어났어요.

셀주크 튀르크는 약 200년간 계속된 십자군 전쟁으로 힘이 약해지고 내부 분열까지 일어났어요. 결국 13세기 무렵 셀주크 튀르크는 몽골 제국의 침입을 받아 멸망했답니다.

01 튀르크족에 대해 바르게 말한 친구를 모두 찾아 ○ 하세요.

중국 북쪽에 살던 유목 민족이야.

롱이

나라가 망한 뒤 모두 이슬람 제국으로 들어갔어.

핫또야

이슬람교를 믿지 않고 전통 신앙을 고집했어.

또띠

이슬람 제국에서 용병으로 활약했어.

소라

02 셀주크 튀르크에 대한 글을 읽고, 빈 곳에 알맞은 말을 쓰세요.

(1) 셀주크 튀르크는 아바스 왕조의 수도인 _____를 점령했어요.

(2) 아바스 왕조의 칼리프는 셀주크 튀르크의 왕에게 이슬람 세계의 정치적 지배자를

뜻하는 _____ 칭호를 내렸어요.

03 셀주크 튀르크에 대한 설명으로 맞는 것을 모두 고르세요. (,   )

① 크리스트교의 성지인 예루살렘을 정복했어요.

② 비잔티움 제국에 영토를 빼앗겼어요.

③ 칭기즈 칸의 몽골 군대를 무찔렀어요.

④ 서아시아와 중앙아시아를 차지했어요.

04 셀주크 튀르크의 멸망에 대한 설명이 맞으면 ○, 틀리면 ✕ 하세요.

(1) 약 200년간 계속된 십자군 전쟁을 치르느라 힘이 약해졌어요.   (   )

(2) 아바스 왕조의 침입을 받아 힘이 약해졌어요.   (   )

(3) 몽골 제국의 침입으로 멸망했어요.   (   )

독창적 다른 것을 모방하지 않고 새롭게 독특한 것을 만들어 내는 것.

법학 법을 연구하는 학문.

돔 공을 반으로 잘라 놓은 것처럼 모양이 둥근 지붕.

모스크 이슬람교에서, 예배하는 건물을 이르는 말.

변형 형태나 모양, 성질 등이 달라지거나 달라지게 함.

서적 글이나 그림 등을 인쇄하여 묶어 놓은 것.

01 초성을 참고하여 뜻에 알맞은 낱말을 빈칸에 쓰세요.

(1) [ㅂ][ㅎ] : 법을 연구하는 학문. ➡ [　　　　]

(2) [ㅅ][ㅈ] : 글이나 그림 등을 인쇄하여 묶어 놓은 것. ➡ [　　　　]

(3) [ㅁ][ㅅ][ㅋ] : 이슬람교에서, 예배하는 건물을 이르는 말. ➡ [　　　　]

02 뜻에 알맞은 낱말을 찾아 선으로 이으세요.

(1) 형태나 모양, 성질 등이 달라지거나 달라지게 함.   •   • ㉠ **독창적**

(2) 공을 반으로 잘라 놓은 것처럼 모양이 둥근 지붕.   •   • ㉡ **변형**

(3) 다른 것을 모방하지 않고 새롭게 독특한 것을 만들어 내는 것.   •   • ㉢ **돔**

03 밑줄 친 낱말이 바르게 쓰인 것을 모두 찾아 ✔ 하세요.

(1) 이슬람교도들이 예배를 보기 위해 **모스크**로 모여들었어요. [　]

(2) 우리나라 전통 집인 기와집의 지붕은 **돔** 모양이에요. [　]

(3) 나는 **변형**한 친구의 마음을 돌리기 위해 편지를 썼어요. [　]

(4) 누나는 대학에서 **법학**을 전공하고 판사가 되었어요. [　]

(5) 나는 무조건 남을 따라 하는 **독창적**인 성격이에요. [　]

(6) 우리 동네 책방에서 새로 나온 **서적**을 샀어요. [　]

독특하고 아름다운 이슬람 문화

이슬람 상인들은 육로는 물론 바닷길로도 유럽과 아프리카, 인도, 중국까지 장사하러 다녔어요. 그로 인해 아바스 왕조의 수도 바그다드에는 동서양의 온갖 문물이 들어왔지요. 그 덕분에 이슬람 제국에서는 아라비아 고유의 문화에 그리스, 로마, 인도, 페르시아 등의 문화가 어우러져 독창적인 이슬람 문화가 발달했어요.

이슬람 문화는 이슬람교와 아랍어를 중심으로 발달했어요. 이슬람교의 경전인 『쿠란』은 아랍어로만 쓰여 있어서 이슬람교도들은 『쿠란』을 읽고 쓰기 위해 아랍어를 배워야 했어요. 그래서 아랍인이 아닌 이슬람교도에게 아랍어를 가르치기 위해 언어학이 발달했고, 『쿠란』을 해석하는 과정에서 법학과 신학, 철학 등이 발달했어요.

이슬람 제국에서는 수학, 화학, 의학, 천문학 등 자연 과학도 발달했어요. 이슬람 학자들은 인도의 수학을 받아들여 0에서 9까지의 아라비아 숫자를 체계적으로 완성해 널리 퍼뜨렸어요. 또 금속을 금으로 바꾸는 연구를 하면서 새로운 실험 기구들을 많이 발명했지요. 의학도 세계 최고 수준으로 발달해 이슬람의 의학 서적이 중세 유럽의 의과 대학에서 교재로 사용되기도 했어요.

이슬람 제국에서는 이슬람교 사원인 모스크를 독특한 건축 양식으로 지었어요. 모스크는 돔과 뾰족한 탑이 특징인데, 내부는 식물, 글자, 도형 등을 변형해서 만든 아라베스크 무늬로 장식했지요.

이슬람의 문화와 과학은 유럽에 전해져 근대 유럽 문화와 과학이 발전하는 데 많은 영향을 미쳤답니다.

이슬람교에서는 사람이나 동물을 그리거나 조각하는 것이 금지되었어. 그래서 아라베스크 무늬를 사용했지.

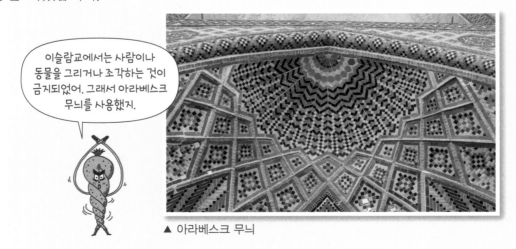

▲ 아라베스크 무늬

01 이슬람 문화에 대한 설명이 맞으면 '예', 틀리면 '아니요'에 ○ 하세요.

(1) 다른 나라의 문화는 섞이지 않은 아라비아 고유의 문화예요. | 예 | 아니요

(2) 이슬람교와 아랍어를 중심으로 발달했어요. | 예 | 아니요

(3) 언어학, 법학, 신학, 철학 등이 발달했어요. | 예 | 아니요

(4) 돔과 뾰족한 탑이 특징인 이슬람교 사원을 지었어요. | 예 | 아니요

02 이슬람의 자연 과학에 대한 설명으로 틀린 것을 고르세요. (   )

① 금속을 금으로 바꾸는 연구를 했어요.

② 인도의 수학을 받아들여 아라비아 숫자를 체계적으로 완성했어요.

③ 유럽에서 의학을 받아들여 발달시켰어요.

④ 새로운 실험 기구들을 많이 발명했어요.

03 서로 관계있는 것끼리 선으로 이으세요.

(1) 이슬람교의 경전   •

(2) 이슬람교의 사원   •

(3) 이슬람교 경전의 언어   •

㉠ 『쿠란』

㉡ 아랍어

㉢ 모스크

04 다음은 무엇에 대한 설명인지 쓰세요.

• 모스크의 내부를 장식한 무늬예요.
• 식물, 글자, 도형 등을 변형해서 만든 무늬예요.

친구들이 설명하는 낱말을 글자판에서 찾아 ◯으로 묶으세요.
(낱말은 가로, 세로로 찾을 수 있어요.)

① 같은 집안에서 난 왕들의 계열 또는 그런 왕들이 다스리는 시대를 말해.

② 권리, 의무, 자격 등이 차별 없이 고르고 똑같은 것을 말해.

③ 가지고 있던 종교를 버리고 다른 종교로 바꾸는 것을 말해.

④ 그 종교가 처음으로 생겨난 곳과 같이 특정 종교에서 신성하게 여기는 장소를 말해.

⑤ 다른 것을 모방하지 않고 새롭게 독특한 것을 만들어 내는 것을 말해.

⑥ 이슬람교에서, 예배하는 건물을 이르는 말이야.

분	왕	조	서	적	개
열	십	계	시	전	종
평	자	성	지	파	후
등	군	칭	다	독	손
용	병	호	신	창	명
모	스	크	교	적	상

↪ 번호에 해당하는 글의 내용이 맞으면 '예', 틀리면 '아니요'를 따라가며 줄을 그으세요.

1. 굽타 왕조 때는 힌두교가 탄생하고 불교가 쇠퇴했어요.

2. 힌두교에서는 카스트제의 신분 제도를 비판했어요.

3. 무함마드는 메디나에서 이슬람교를 창시했어요.

4. 이슬람교에서는 유일신인 알라를 믿어요.

5. 우마이야 왕조는 칼리프를 선출해서 뽑았어요.

6. 셀주크 튀르크의 왕은 아바스 왕조의 칼리프에게 술탄이라는 칭호를 받았어요.

7. 이슬람교의 경전인 『쿠란』은 아랍어로만 쓰여 있어요.

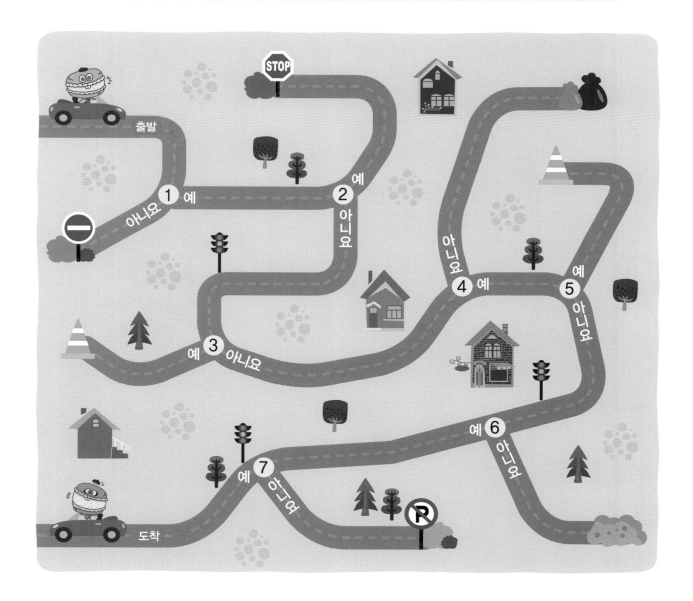

당나라의 위대한 두 시인, 이백과 두보

당나라에는 아주 뛰어난 시인이 두 명 있었어요. 바로 이백과 두보이지요. 사람들은 두 사람이 시를 아주 잘 지어서, 이백을 신선 같은 시인이라는 뜻의 '시선'이라고 부르고 두보를 성인 같은 시인이라는 뜻의 '시성'이라고 불렀어요.

이백은 어릴 때부터 시를 짓는 솜씨가 뛰어났어요. 떠돌아다니는 것을 좋아했던 이백은 젊은 시절에 집을 나와 중국 각지를 돌아다녔어요. 그러다 마음이 맞는 사람을 만나면 함께 어울리며 자연을 노래하는 시를 지었지요. 이백의 시가 아주 뛰어나다는 것이 널리 알려지자 당나라 황제인 현종은 그를 궁으로 불러들여 궁정 시인으로 삼았어요. 하지만 얼마 지나지 않아 이백은 궁을 떠나 다시 떠돌아다녔지요. 이때 이백은 두보를 처음 만나게 되고, 두 사람은 함께 여행도 하고 시를 짓기도 하며 깊은 우정을 쌓았어요. 이백은 그 후로도 나그네처럼 떠돌면서 살다가 61세에 세상을 떠났어요. 이백은 이별과 대자연의 위대함을 노래한 시를 많이 남겼어요.

두보는 어린 시절부터 시를 잘 지었으나 과거 시험에는 매번 낙방했어요. 그는 33세 되던 해에 이백을 만나 한동안 우정을 쌓기도 했지요. 두보는 안녹산의 난이 일어났을 때 포로가 되었다가 탈출했고, 이를 계기로 관직에 올랐어요. 하지만 1년 만에 지방의 낮은 관직으로 쫓겨났어요. 곧 흉년으로 벼슬을 그만두게 되면서 두보는 힘들게 농사지으며 살았어요.

두보는 평생 가난 속에서 현실의 어려움을 느끼며 살았고, 이런 자신의 비참한 생활을 시에 담아냈어요. 그래서 두보의 시 중에는 인간의 고뇌와 슬픔을 노래한 시가 많답니다.

몽골 제국을 세운 칭기즈 칸

▲ 칭기즈 칸

몽골 제국을 세운 칭기즈 칸의 원래 이름은 테무친이에요. 테무친의 아버지는 몽골의 여러 부족 중 작은 부족의 족장이었는데, 테무친이 9세 때 다른 부족 사람에게 죽임을 당했어요. 테무친의 어머니는 자식들을 키우며 모진 고생을 했지만 자식들이 몽골족의 긍지를 잃지 않도록 교육했어요.

어른이 된 테무친은 어렸을 적에 아버지가 정해 두었던 여자와 결혼했는데, 다른 부족 사람이 테무친의 아내를 납치해 갔어요. 테무친은 병사를 빌려 아내를 구출하고, 아내를 납치해 간 부족 사람들을 응징했어요.

주변의 도움으로 자신의 군대를 갖게 된 테무친은 다른 부족들을 하나씩 정복하며 점차 세력을 넓혀 갔어요. 그리고 마침내 뛰어난 지도력으로 몽골족 전체를 통일했지요. 테무친은 부족의 우두머리인 대칸이 되어 '위대한 왕'이라는 뜻의 칭기즈 칸으로 불리게 되었어요.

칭기즈 칸은 날쌔고 용맹한 기마대를 앞세워 중국 북서쪽에 있던 서하를 공격해 승리를 거두었어요. 그리고 그 기세를 몰아 오랫동안 몽골족을 괴롭혀 온 금나라로 쳐들어갔어요. 칭기즈 칸은 금나라의 수도를 차지했지만 금나라의 황제가 바치는 막대한 재물을 받고 몽골고원으로 돌아왔어요.

칭기즈 칸은 십여 년 동안 정복 사업을 벌여 몽골과 중국 지역을 비롯해 중앙아시아와 동유럽에 이르는 넓은 영토를 차지했어요. 그리고 자신은 몽골 본토를 다스리고, 나머지 땅은 아들들에게 나누어 다스리게 했어요.

칭기즈 칸은 반기를 든 서하를 정벌하러 갔다가 말에서 떨어진 이후 건강이 나빠져 1227년에 세상을 떠났어요.

3^주 중세 유럽 1

1일

어휘 | 기름지다, 단위, 대대적, 목축, 소작인, 식량
독해 | 로마 제국으로 이동한 게르만족

2일

어휘 | 갈래, 교황, 내분, 대제, 성직자, 지지
독해 | 서유럽에 굳건히 자리 잡은 프랑크 왕국

3일

어휘 | 거부, 겸하다, 로마법, 성상, 이민족, 파괴
독해 | 로마 제국을 이은 비잔티움 제국

5일

어휘 | 막강, 수도원, 스테인드글라스, 신앙, 아치, 첨탑
독해 | 중세 서유럽의 중심, 크리스트교

4일

어휘 | 계약, 기사, 봉신, 주군, 영주, 충성
독해 | 봉건 사회로 바뀐 서유럽

6일

복습

기름지다 땅이 영양분이 많다.

단위 조직이나 활동을 이루는 데에 기본이 되는 덩어리.

대대적 일의 범위나 규모가 매우 큰 것.

목축 소, 돼지, 양, 말 같은 집짐승을 기르는 일.

소작인 일정한 돈을 내고 다른 사람의 땅을 빌려서 농사를 짓는 사람.

식량 사람이 살아가는 데 필요한 먹을거리.

01 ( ) 안에서 알맞은 낱말을 골라 ○ 하세요.

(1) **대대적**   일의 범위나 규모가 매우 (작은 | 큰) 것.

(2) **식량**   사람이 살아가는 데 필요한 (먹을거리 | 입을 거리).

(3) **기름지다**   땅이 영양분이 (적다 | 많다).

02 낱말과 그 뜻이 바르게 짝 지어진 것을 모두 찾아 ✔ 하세요.

(1) 소작인 – 넓은 땅을 가지고 다른 사람을 시켜 농사를 짓는 사람.   ☐

(2) 단위 – 조직이나 활동을 이루는 데에 기본이 되는 덩어리.   ☐

(3) 목축 – 소, 돼지, 양, 말 같은 집짐승을 기르는 일.   ☐

03 빈 곳에 알맞은 낱말을 보기 에서 찾아 쓰세요.

| 보기 | 목축 | 식량 | 단위 | 소작인 | 대대적 | 기름진 |

(1) 우리 마을에는 _____ 땅이 많아 해마다 풍년이 들어요.

(2) 우리 단체는 먹을 것이 부족한 아프리카에 _____을 보내 주었어요.

(3) 삼촌은 시골에서 소와 돼지를 키우는 _____을 해요.

(4) 그는 자기가 가진 땅 일부를 _____에게 빌려주고 농사짓게 했어요.

(5) 새 사장은 회사의 조직을 _____으로 바꾸었어요.

(6) 우리 학급에서는 모둠 _____로 봉사를 하기로 했어요.

로마 제국으로 이동한 게르만족

유럽의 중세는 게르만족의 이동으로 시작되었어요. 게르만족은 원래 유럽 북부 지역에 살던 민족이에요. 이들은 나라를 이루지 못하고 부족 단위로 목축과 사냥을 하거나 농사를 지으며 살았어요. 인구가 늘어나 농사지을 땅이 부족해지자 게르만족 일부는 기름진 땅을 찾아 남쪽으로 내려갔어요. 이들 중 일부는 로마 제국의 땅으로 들어가 용병이 되거나 로마인에게 땅을 빌려 농사를 짓는 소작인이 되었어요.

그런데 4세기 말 중앙아시아에 살던 훈족이 게르만족이 사는 지역에 쳐들어왔어요. 그러자 수많은 게르만족이 사나운 훈족을 피해 대대적으로 로마 제국의 땅으로 이동했지요. 로마 제국으로 들어간 게르만족은 가축과 식량을 빼앗고 로마인들을 죽이며 로마 제국을 위협했어요.

이 당시 로마 제국은 동로마와 서로마로 나뉘어 있었어요. 동로마 제국은 게르만족의 침입을 비교적 잘 막아 냈어요. 반면에 서로마 제국은 황제의 자리를 차지하기 위한 다툼이 잦았고 게르만족과도 싸우면서 힘이 점점 약해져 갔지요. 결국 서로마 제국은 게르만족 출신의 로마 용병 대장 오도아케르의 반란으로 멸망하고 말았어요.

그 뒤 서로마 제국의 땅은 게르만족이 차지했어요. 서로마 제국 곳곳에는 동고트 왕국, 서고트 왕국, 프랑크 왕국, 반달 왕국 등과 같은 게르만 왕국들이 세워졌답니다.

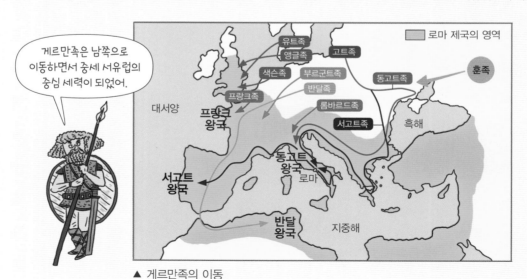

▲ 게르만족의 이동

01 게르만족에 대한 설명으로 맞는 것을 모두 고르세요. (,   )

① 원래 중앙아시아에 살던 민족이에요.

② 부족 단위로 목축과 사냥을 하거나 농사를 지으며 살았어요.

③ 일부는 로마 제국의 용병이 되기도 했어요.

④ 로마 제국에서 로마인들의 노예로 살았어요.

02 게르만족은 어느 민족을 피해 살던 지역에서 로마 제국으로 이동했는지 쓰세요.

03 게르만족의 이동으로 생긴 일을 바르게 말한 친구를 모두 찾아 ○ 하세요.

로마가 동로마와 서로마로 나뉘었어.

빵이

서로마 제국이 멸망했어.

소라

동로마 제국의 황제가 죽임을 당했어.

롱이

서로마 제국 땅에 게르만 왕국들이 세워졌어.

꽈리

04 게르만족이 서로마 제국 땅에 세운 왕국을 모두 찾아 ○로 묶으세요.

프랑크 왕국   반달 왕국   서고트 왕국

동고트 왕국   오도아 왕국   갈리아 왕국

갈래 하나에서 둘 이상으로 갈라져 나간 부분이나 가닥.

교황 가톨릭교의 최고 성직자.

내분 한 집단 안에서 자기들끼리 다툼.

대제 '황제'를 높여 이르는 말.

성직자 목사, 신부, 승려처럼 종교에 관한 일을 맡아서 하는 사람.

지지 어떤 사람이나 단체의 의견에 찬성하고 따름.

01 뜻에 알맞은 낱말을 보기 에서 찾아 빈칸에 쓰세요.

보기	대제	갈래	내분	지지	교황	성직자

(1) 한 집단 안에서 자기들끼리 다툼. ....

(2) 가톨릭교의 최고 성직자. ....

(3) '황제'를 높여 이르는 말. ....

(4) 목사, 신부, 승려처럼 종교에 관한 일을 맡아서 하는 사람.

(5) 하나에서 둘 이상으로 갈라져 나간 부분이나 가닥. ....

(6) 어떤 사람이나 단체의 의견에 찬성하고 따름. ....

02 (   ) 안에 알맞은 낱말을 보기 에서 찾아 기호를 쓰세요.

보기
㉠ 대제
㉡ 성직자
㉢ 갈래

(1) 삼촌은 (   )가 되기 위해 신학교에 들어갔어요.

(2) 나는 내 방에 있는 책들을 (   )에 따라 정리했어요.

(3) 프랑크 왕국은 카롤루스 (   ) 때 영토를 크게 넓혔어요.

03 빈칸에 알맞은 낱말을 찾아 선으로 이으세요.

(1) ☐은 가톨릭 신자들에게 축복을 내려 주었어요.   •   • ㉠ 지지

(2) 그는 시민들에게 큰 ☐를 받아 시장으로 뽑혔어요.   •   • ㉡ 내분

(3) 그 조직은 지도자들끼리 의견이 달라 ☐이 일어났어요.   •   • ㉢ 교황

서유럽에 굳건히 자리 잡은 프랑크 왕국

서유럽에 세워진 게르만 왕국들은 그리 오래가지 못하고 대부분 멸망했어요. 하지만 지금의 프랑스 북부에 자리를 잡은 프랑크 왕국은 오랫동안 번성했지요.

프랑크 왕국은 게르만족의 한 갈래인 프랑크족이 세운 나라예요. 프랑크족의 부족장이었던 클로비스 1세는 여러 부족으로 흩어져 있던 프랑크족을 통일하고 481년에 프랑크 왕국을 세웠어요. 그리고 지금의 프랑스 지역에 남아 있던 서로마 세력과 다른 게르만족을 물리치고 프랑스 지역 대부분을 차지했지요. 클로비스 1세는 로마인들의 마음을 얻기 위해 종교를 크리스트교로 바꾸었어요. 그 덕분에 로마 교회와 귀족들의 지지를 받으며 프랑크 왕국을 정착시킬 수 있었지요.

프랑크 왕국은 카롤루스 대제 때 가장 크게 발전했어요. 카롤루스 대제는 지금의 영국과 에스파냐를 제외한 서유럽 대부분을 정복했으며, 정복한 지역에 성직자를 보내 크리스트교를 전파했어요. 또 학교를 세우고 사라져 가는 로마의 학문을 발전시키는 데 힘썼어요. 이에 로마 교황은 카롤루스 대제를 서로마 제국의 뒤를 잇는 황제로 선포하며 서로마 제국 황제의 관을 씌워 주었어요.

카롤루스 대제가 죽은 뒤 프랑크 왕국에서는 누가 왕국을 다스릴지에 대한 문제로 내분이 일어났어요. 결국 프랑크 왕국은 세 왕국으로 갈라졌는데, 이 왕국들은 오늘날의 프랑스, 독일, 이탈리아의 기원이 되었지요.

프랑크 왕국에서는 게르만의 전통과 로마의 문화, 크리스트교가 섞인 문화가 발달해 새로운 서유럽 문화의 기틀이 마련되었어요.

01 프랑크 왕국에 대한 설명으로 <u>틀린</u> 것을 고르세요. (　　　　)

① 지금의 프랑스 북부에 자리를 잡았어요.

② 게르만족의 한 갈래인 프랑크족이 세운 나라예요.

③ 카롤루스 대제가 세웠어요.

④ 다른 게르만 왕국들은 대부분 멸망했지만 프랑크 왕국은 오랫동안 번성했어요.

02 클로비스 1세에 대한 글을 읽고, 알맞은 말에 ○ 하세요.

> 클로비스 1세는 로마인들의 마음을 얻기 위해 종교를 (**크리스트교** | **이슬람교**)로
> 바꾸었어요. 그 덕분에 로마 교회와 (**귀족** | **평민**)들의 지지를 받았어요.

03 카롤루스 대제에 대한 설명으로 맞으면 ○, 틀리면 ✕ 하세요.

> (1) 프랑크 왕국이 가장 크게 발전한 시기를 이끈 왕이에요.　　　　　(　　　)
>
> (2) 서유럽에서 크리스트교도들을 몰아냈어요.　　　　　　　　　(　　　)
>
> (3) 영국과 에스파냐를 포함한 서유럽 대부분을 지배했어요.　　　(　　　)
>
> (4) 로마 교황에게 서로마 제국 황제의 관을 받았어요.　　　　　(　　　)

04 프랑크 왕국의 문화에 대한 글을 읽고, 초성을 참고하여 알맞은 말을 차례대로 쓰세요.

> 프랑크 왕국에서는 ｜ㄱ｜ㄹ｜ㅁ｜의 전통과 로마의 문화, ｜ㅋ｜ㄹ｜ㅅ｜ㅌ｜ㄱ｜가
> 섞인 문화가 발달해 새로운 서유럽 문화의 기틀이 마련되었어요.

　　　　　　　　　　　　　　　　[　　　　　　　] , [　　　　　　　]

거부 요구나 제안 등을 받아들이지 않음.

겸하다 한 사람이 원래 맡고 있던 일 외에 다른 역할을 더 맡다.

로마법 고대 로마에서 만들어서 시행한 법률.

성상 가톨릭에서, 예수나 성모, 성인 등의 모습을 그리거나 조각한 것.

이민족 언어나 풍습 등이 다른 민족.

파괴 때려 부수거나 깨뜨려 무너뜨림.

01 낱말의 뜻을 찾아 선으로 이으세요.

(1) 성상 •

(2) 로마법 •

(3) 겸하다 •

• ㉠ 고대 로마에서 만들어서 시행한 법률.

• ㉡ 가톨릭에서, 예수나 성모, 성인 등의 모습을 그리거나 조각한 것.

• ㉢ 한 사람이 원래 맡고 있던 일 외에 다른 역할을 더 맡다.

02 낱말의 뜻을 틀리게 말한 친구를 찾아 ○ 하세요.

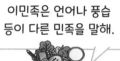
이민족은 언어나 풍습 등이 다른 민족을 말해.

또띠

파괴는 저절로 없어지거나 망하는 것을 말해.

핫또야

거부는 요구나 제안 등을 받아들이지 않는 것을 말해.

빵이

03 ⬚⬚ 안에서 알맞은 낱말을 골라 ○ 하세요.

(1) 나는 어제 싸운 친구와 화해하려고 했지만 친구가 화해를 [거부 거주] 했어요.

(2) 신부님은 새로 지은 성당에 어떤 [사상 성상] 을 놓을지 고민했어요.

(3) 고대 로마의 황제들은 로마 시민을 [십진법 로마법] 에 따라 다스렸어요.

(4) 그 나라는 여러 나라에 둘러싸여 있어 [이민족 일가족] 의 침입을 자주 받았어요.

(5) 전쟁 중에 적군이 마을을 [파산 파괴] 해 마을은 엉망이 되었어요.

(6) 저 선수는 실력이 뛰어나 선수와 코치를 [겸하고 속하고] 있어요.

로마 제국을 이은 비잔티움 제국

서로마 제국은 게르만족에 의해 멸망했지만 동로마 제국은 '비잔티움 제국'이라는 이름으로 1,000년 가까이 유지되었어요. 동로마 제국의 수도인 콘스탄티노폴리스의 옛 이름이 비잔티움이었기 때문에 동로마 제국을 비잔티움 제국이라고 불렀지요.

비잔티움 제국은 유럽과 아시아의 사이에 있었기 때문에 상업이 발달해 많은 돈을 벌어 부유했어요. 수도 콘스탄티노폴리스는 동서 무역의 중심지로, 수많은 나라의 사람들이 오고 가는 국제도시가 되었지요.

비잔티움 제국은 유스티니아누스 황제 때 가장 번성했어요. 로마 제국의 영광을 되찾고 싶어 했던 유스티니아누스 황제는 북아프리카와 이탈리아에 있던 게르만 왕국을 무너뜨리고 옛 서로마 제국의 영토를 많이 되찾았어요. 또한 로마법을 정리하여 『유스티니아누스 법전』을 펴냈으며, 반란으로 부서졌던 성 소피아 대성당을 다시 지었어요.

비잔티움 제국의 황제는 강력한 권한으로 제국을 다스릴 뿐만 아니라 교회의 우두머리 역할도 겸했어요. 교황이 이끄는 서유럽의 로마 교회도 직접 지배하려고 했지요. 그러던 중 레오 3세가 예수와 성모의 성상을 놓고 기도하는 것이 우상 숭배라며 성상을 모두 파괴하라고 명령했어요. 하지만 로마 교회는 게르만족에게 크리스트교를 전파하는 데 성상이 꼭 필요했기 때문에 이 명령을 거부했지요. 결국 이 문제로 동서 교회가 둘로 갈라져 비잔티움 제국의 크리스트교는 '그리스 정교', 로마 교회의 크리스트교는 '로마 가톨릭'이 되었어요.

11세기 이후 비잔티움 제국은 이민족의 잦은 침입으로 국력이 쇠퇴해 영토가 점점 줄다가 1453년에 이슬람 제국의 침입을 받아 멸망했답니다.

성 소피아 대성당은 정사각형으로 만든 건물 위에 지붕을 돔 형식으로 올렸어.

▲ 성 소피아 대성당

01 동로마 제국을 부르는 또 다른 이름을 쓰세요.

02 유스티니아누스 황제에 대해 <u>틀리게</u> 말한 아이의 이름을 쓰세요. (   )

- **민주** : 비잔티움 제국이 가장 번성했던 시기의 황제야.
- **이현** : 로마법을 정리해 『유스티니아누스 법전』을 펴냈어.
- **유민** : 옛 서로마 제국의 영토를 많이 되찾았어.
- **건하** : 성 소피아 대성당을 파괴했어.

03 레오 3세 때 일어난 일에 대한 글을 읽고, 빈 곳에 알맞은 말을 쓰세요.

(1) 레오 3세는 _____ 을 모두 파괴하라고 명령했어요.

(2) 로마 교회가 레오 3세의 명령을 거부해 비잔티움 제국의 크리스트교는

_____ , 로마 교회의 크리스트교는 로마 가톨릭으로 갈라졌어요.

04 비잔티움 제국에 대한 설명으로 맞는 것을 모두 찾아 기호를 쓰세요.

㉠ 유럽과 아시아의 사이에 있어 상업이 발달했어요.

㉡ 황제의 권한이 약해 교회의 우두머리와 항상 대립했어요.

㉢ 수도 콘스탄티노폴리스는 동서 무역의 중심지였어요.

㉣ 이슬람 제국의 침입으로 멸망했어요.

(,   ,   )

계약 서로 어떤 일을 어떻게 하기로 말이나 글로 약속하는 것.

기사 중세 유럽에서, 말을 타고 싸우는 무사.

봉신 봉건 사회에서, 주군에게 봉사하는 대가로 땅을 받은 신하.

주군 봉건 사회에서, 신하에게 땅을 준 사람.

영주 중세 유럽에서, 자신의 땅과 거기에 사는 사람들에게 지배권을 행사하던 사람.

충성 주로 임금이나 국가에 대하여 마음 깊은 곳에서 우러나오는 정성.

01 낱말에 대한 설명이 맞으면 ○, 틀리면 ✕ 하세요.

(1) '기사'는 중세 유럽에서, 교회에 봉사하던 사람을 말해요.   (   )

(2) '주군'은 봉건 사회에서, 신하에게 땅을 준 사람을 말해요.   (   )

(3) '봉신'은 봉건 사회에서, 주군에게 봉사하는 대가로 땅을 받은 신하를
말해요.   (   )

(4) '영주'는 중세 유럽에서, 기사들을 이끌던 우두머리를 말해요.   (   )

(5) '계약'은 서로 어떤 일을 어떻게 하기로 말이나 글로 약속하는 것을
말해요.   (   )

(6) '충성'은 부모를 잘 모시어 받드는 정성을 말해요.   (   )

02 빈칸에 알맞은 글자를 모두 찾아 ○ 하세요.

(1) 중세의 □□는 무거운 갑옷을 입고
말을 타고 전쟁에 참여했어요.

| 농 | 기 | 제 | 사 | 미 |

(2) □□은 봉신에게 땅을 주고 봉신을
보호해 주기로 약속했어요.

| 연 | 임 | 주 | 기 | 군 |

(3) □□은 주군에게 땅을 받고 주군을
위해 봉사하기로 계약을 맺었어요.

| 봉 | 붕 | 히 | 신 | 주 |

03 빈칸에 알맞은 낱말이 차례대로 묶인 것을 고르세요. (   )

• 임금은 오랫동안 자신에게 □□을 다한 신하에게 상을 내렸어요.

• □□는 자신의 넓은 땅을 다스리기 위해 기사를 고용했어요.

• 나는 이 가게에서 일을 하기로 □□을 맺었어요.

① 계약 – 영주 – 충성   ② 충성 – 영주 – 주군

③ 봉신 – 주군 – 계약   ④ 충성 – 영주 – 계약

봉건 사회로 바뀐 서유럽

프랑크 왕국이 세 나라로 나뉜 뒤, 서유럽은 북쪽에 살던 노르만족을 비롯해 여러 이 민족의 침입으로 혼란스러웠어요. 그러자 힘을 가진 사람들은 자신의 생명과 재산을 지 키기 위해 성을 쌓고 무장하여 기사가 되었어요.

기사들은 자기보다 세력이 강한 기사와 계약을 통해 주인과 신하의 주종 관계를 맺었 어요. 힘이 강한 기사는 주인인 주군이 되고 힘이 약한 기사는 신하인 봉신이 되어, 주 군은 봉신에게 땅인 봉토를 주고 봉신을 보호해 주기로 약속하고, 봉신은 주군에게 충 성과 봉사를 맹세했지요. 이러한 계약은 왕과 제후, 제후와 기사 사이에도 이루어졌는 데, 어느 한쪽이 의무를 지키지 않으면 언제든지 계약이 깨질 수 있었어요.

봉신은 주군에게서 받은 땅을 농촌 공동체인 '장원'의 형태로 운영했어요. 봉신은 장 원의 지배자인 '영주'가 되어 누구의 간섭도 받지 않고 마음대로 장원을 다스렸지요. 영 주는 자기 장원 안에서는 왕과 같은 존재였어요. 장원은 대개 하나의 마을을 이루었는 데, 장원 안에는 영주의 성과 교회, 농민의 집, 대장간, 농사짓는 땅 등이 있었어요.

장원 안에 사는 농민들은 영주의 땅에서 농사를 짓는 대신 영주에게 세금을 내고 영 주를 위해 일했어요. 장원에서 일하는 농민들은 노예처럼 일해 '농노'라고 불렸어요. 농 노들은 세금을 엄청나게 많이 냈기 때문에 열심히 일해도 생활이 어려웠고, 영주의 허 락 없이는 이사를 갈 수도 없었지요. 하지만 가축이나 텃밭 같은 약간의 재산을 가질 수 있었고, 결혼하여 가정을 꾸릴 수도 있었어요.

이처럼 서유럽에서는 주종 관계와 장원제를 바탕으로 한 봉건 사회가 형성되어 왕권 은 약화되고, 지방 세력은 점점 힘이 강해졌답니다.

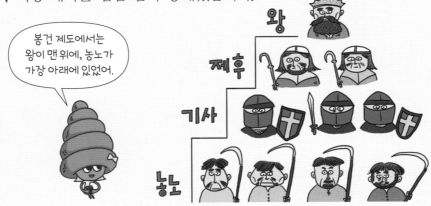

01 글을 읽고, 알맞은 말에 ○ 하세요.

> 중세의 기사들은 계약을 통해 힘이 강한 기사는 (주군 | 봉신)이 되고 힘이 약한 기사는 (주군 | 봉신)이 되는, 주인과 신하의 관계를 맺었어요.

02 중세의 주종 관계에 대한 설명이 맞으면 '예', 틀리면 '아니요'에 ○ 하세요.

(1) 주군은 봉신에게 땅을 주고 봉신을 보호해 주었어요. 　예　아니요

(2) 봉신은 주군에게 땅을 받는 대신 돈을 바쳐야 했어요. 　예　아니요

(3) 주군은 권력이 있는 귀족만 될 수 있었어요. 　예　아니요

(4) 봉신은 주군에게 충성과 봉사를 맹세했어요. 　예　아니요

03 친구들이 설명하는 것을 보기 에서 찾아 쓰세요.

보기

농노
봉토
영주

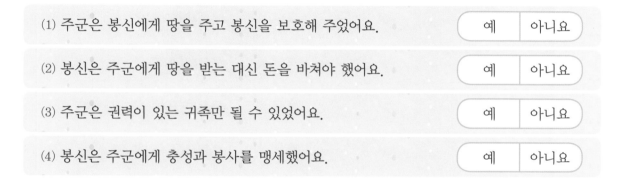

주군이 봉신에게 준 땅을 말해.

장원을 다스리는 사람을 말해.

장원에서 일하는 농민을 말해.

(1)

(2)

(3)

04 장원에 대한 설명으로 맞는 것을 모두 고르세요. (　　　,　　　)

① 농노들은 영주에게 세금을 냈어요.

② 영주는 왕의 명령에 따라 장원을 다스렸어요.

③ 농노는 영주의 허락 없이 이사를 갈 수 없었어요.

④ 농노는 아무리 열심히 일해도 평생 자기 재산을 가질 수 없었어요.

막강 맞서 싸울 수 없을 만큼 매우 강함.

교황님, 화를 푸시고 제 잘못을 용서해 주십시오.

중세 유럽에서는 황제가 교황에게 무릎을 꿇는 일이 생길 정도로 교황의 권력이 막강했대.

수도원 가톨릭에서, 수사나 수녀가 일정한 규율 아래 공동생활을 하면서 수행하는 곳.

수녀님은 이 수도원에 얼마나 계셨어요?

저는 20년 넘게 이곳에서 수행 중이랍니다.

스테인드글라스 색유리를 붙이거나 유리에 색을 칠해 무늬나 그림을 나타낸 장식용 유리.

교회 창이 참 예쁘다!

스테인드글라스로 장식한 창이야. 교회와 성당에는 이런 창이 많아.

신앙 신을 믿고 따르며 받드는 일.

밥 먹기 전에 모두 기도하자.

중세 사람들은 하느님에 대한 신앙이 깊었어.

아치 건축물에서, 서로 떨어져 있는 두 기둥이나 벽의 위쪽 끝을 둥글게 쌓아 올리는 구조물.

다리 모양이 독특해요.

아랫부분이 둥근 아치 모양이어서 멋지구나!

첨탑 뾰족한 탑.

와, 탑 끝이 엄청 뾰족하다!

응, 중세 때 세운 성당들은 대부분 저렇게 첨탑이 높이 솟아 있어.

01 뜻에 알맞은 낱말을 찾아 선으로 이으세요.

(1) 뾰족한 탑. •   • ㉠ 막강

(2) 신을 믿고 따르며 받드는 일. •   • ㉡ 첨탑

(3) 맞서 싸울 수 없을 만큼 매우 강함. •   • ㉢ 신앙

02 (   ) 안에서 알맞은 낱말을 골라 ○ 하세요.

(1) (수도원 | 수목원) : 가톨릭에서, 수사나 수녀가 일정한 규율 아래 공동생활을 하면서 수행하는 곳.

(2) 스테인드글라스 : (색종이 | 색유리)를 붙이거나 유리에 색을 칠해 무늬나 그림을 나타낸 장식용 유리.

(3) 아치 : 건축물에서, 서로 떨어져 있는 두 기둥이나 벽의 위쪽 끝을 (네모나게 | 둥글게) 쌓아 올리는 구조물.

03 (   ) 안에 알맞은 낱말을 보기 에서 찾아 기호를 쓰세요.

보기	㉠ 첨탑	㉡ 수도원	㉢ 신앙
	㉣ 막강	㉤ 스테인드글라스	㉥ 아치

(1) 할머니는 (   )이 깊어 매일 새벽 예배를 드리러 교회에 가요.

(2) 내가 다니는 교회의 창문은 (   )로 장식되어서 색이 참 예뻐요.

(3) 원장 수녀님은 (   )에 막 들어온 어린 수녀에게 규칙을 알려 주었어요.

(4) 높게 솟은 성당의 (   ) 끝에는 십자가가 달려 있어요.

(5) 그 공원에는 두 기둥의 위쪽을 둥글게 이어 만든 예쁜 (   )가 있어요.

(6) 그 장군이 이끄는 군대는 (   )해서 모든 전투에서 승리했어요.

중세 서유럽의 중심, 크리스트교

중세 서유럽 사람들의 삶의 중심은 크리스트교였어요. 서로마 제국이 멸망하고 프랑크 왕국이 세력을 잡는 혼란한 시기에 교회는 사람들의 마음을 위로해 주었어요. 게다가 서유럽을 차지한 프랑크 왕국이 점령하는 곳마다 크리스트교를 전파해 크리스트교는 세력을 크게 확장해 나갔지요. 곧 크리스트교는 중세 서유럽 사람들의 신앙과 일상생활을 지배했어요. "교회를 떠나서는 태어날 수도 죽을 수도 없다."라는 말이 생길 정도로 사람들의 삶에서 크리스트교가 영향을 미치지 않는 곳이 거의 없었지요.

그러자 교회와 교황의 힘이 커졌어요. 교회는 왕이나 제후로부터 땅을 많이 받아 많은 농노를 거느렸어요. 땅을 많이 가진 교회는 영주와 같은 권력을 행사하기도 했지요. 특히 서유럽 교회와 수도원을 대표하던 교황은 막강한 권력을 가지고 황제와 대립하기도 했어요.

크리스트교는 중세 서유럽의 문화에도 큰 영향을 미쳤어요. 학문에서는 이전까지 유행한 철학을 밀어내고 신을 연구하는 학문인 신학이 크게 발달했어요. 철학은 신학을 설명하기 위한 수단으로 쓰였지요. 교육은 교회와 수도원에 딸린 학교에서 주로 이루어졌다가 12세기 이후에 대학이 세워져 대학에서 교육을 담당했어요.

건축에서는 교회를 짓는 건축 양식이 발전했어요. 중세 초기에는 로마 교회를 본떠 둥근 아치가 특징인 로마네스크 양식이 유행했어요. 그러다 12세기경부터는 고딕 양식이 유행했어요. 고딕 양식은 하늘로 높이 솟은 첨탑과 다양한 색깔의 유리로 만든 스테인드글라스 창문이 특징이지요.

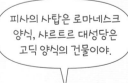

피사의 사탑은 로마네스크 양식, 샤르트르 대성당은 고딕 양식의 건물이야.

▲ 피사의 사탑

▲ 샤르트르 대성당

01 중세 서유럽 사람들의 삶을 지배한 종교는 무엇인지 쓰세요.

02 중세 서유럽의 크리스트교에 대한 설명으로 <u>틀린</u> 것을 고르세요. (   )

① 서로마 제국이 멸망한 혼란한 시기에 사람들의 마음을 위로해 주었어요.

② 프랑크 왕국이 크리스트교를 전파해 세력이 크게 확장되었어요.

③ 서유럽 사람들의 신앙과 일상생활을 지배했어요.

④ 중세 서유럽의 문화에는 아무 영향을 미치지 않았어요.

03 중세의 교회와 교황에 대한 설명이 맞으면 ○, 틀리면 × 하세요.

(1) 교회는 재산이 없어서 왕과 제후로부터 돈을 받아 썼어요.   (   )

(2) 교회는 땅을 가지고 농노를 거느렸어요.   (   )

(3) 땅을 많이 가진 교회는 영주와 같은 권력을 행사하기도 했어요.   (   )

(4) 교황은 힘이 약해 항상 황제의 말을 따라야 했어요.   (   )

04 어떤 건축 양식에 대한 설명인지 찾아 선으로 이으세요.

(1) 중세 초기에 유행한 양식으로, 둥근 아치가 특징이에요.   •   • ㉠ 고딕 양식

(2) 12세기경부터 유행한 양식으로, 첨탑과 스테인드글라스 창문이 특징이에요.   •   • ㉡ 로마네스크 양식

낱말의 뜻을 보기 에서 찾아 번호를 쓰세요.

> **보기**
> ① 조직이나 활동을 이루는 데에 기본이 되는 덩어리.
> ② 일정한 돈을 내고 다른 사람의 땅을 빌려서 농사를 짓는 사람.
> ③ 목사, 신부, 승려처럼 종교에 관한 일을 맡아서 하는 사람.
> ④ 한 집단 안에서 자기들끼리 다툼.
> ⑤ 때려 부수거나 깨뜨려 무너뜨림.
> ⑥ 중세 유럽에서, 말을 타고 싸우는 무사.
> ⑦ 봉건 사회에서, 주군에게 봉사하는 대가로 땅을 받은 신하.
> ⑧ 신을 믿고 따르며 받드는 일.
> ⑨ 하나에서 둘 이상으로 갈라져 나간 부분이나 가닥.

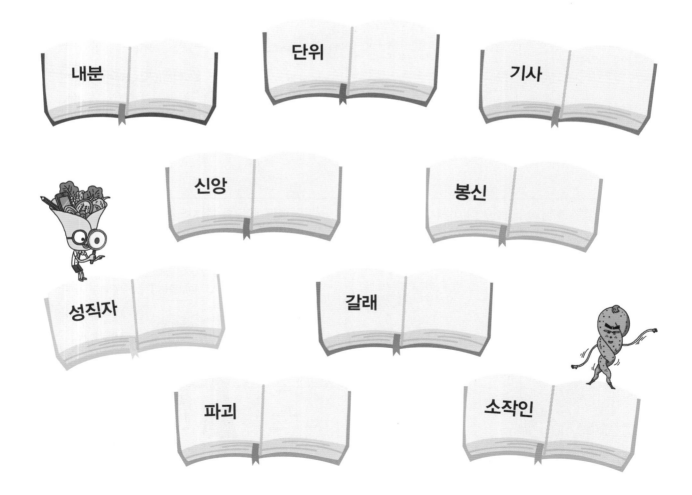

내분

단위

기사

신앙

봉신

성직자

갈래

파괴

소작인

글의 내용이 맞는 쪽으로 따라가며 줄을 긋고, 어떤 친구에게 도착했는지 ○ 하세요.

출발

중세 때 게르만족은 훈족을 피해 로마 제국으로 이동했어요.

서로마 제국은 동로마 제국과의 싸움에 져서 멸망했어요.

주군과 봉신의 주종 관계는 한번 계약을 맺으면 깰 수 없었어요.

프랑크 왕국의 클로비스 1세는 종교를 크리스트교로 바꾸었어요.

비잔티움 제국은 유스티니아누스 황제 때 가장 번성했어요.

중세 서유럽의 영주는 누구의 간섭도 받지 않고 장원을 마음대로 다스렸어요.

프랑크 왕국은 로마 문화를 파괴하고 게르만의 전통만 고집했어요.

비잔티움 제국의 황제 레오 3세는 성상을 파괴하라는 로마 교황의 명령을 거부했어요.

중세 서유럽 사람들의 신앙과 일상생활을 지배한 것은 크리스트교예요.

4주 중세 유럽 2

1일

어휘 | 꿍꿍이, 성지 순례, 십자군, 영지, 타격, 탈환
독해 | 예루살렘을 되찾기 위한 십자군 전쟁

2일

어휘 | 규제, 농작물, 도적, 수공업자, 조합, 항구
독해 | 중세 도시의 발달

3일

어휘 | 들끓다, 반점, 영양, 자연재해, 전염병, 쥐벼룩
독해 | 유럽을 죽음의 공포로 몰아넣은 흑사병

5일

어휘 | 계승, 눈독, 북돋다, 왕위, 협력, 활약
독해 | 영국과 프랑스의 백년 전쟁

4일

어휘 | 개선, 난, 노동력, 반발, 수입, 자영농
독해 | 흑사병 유행 이후 무너진 장원

6일

복습
교과서 속 세계 인물

꿍꿍이 남에게 드러내지 않고 속으로 몰래 일을 꾸미려는 생각.

성지 순례 성지에 참배하거나 성지를 여행하는 일.

십자군 중세 유럽에서, 크리스트교도가 예루살렘을 되찾기 위해 일으킨 군대.

영지 중세 유럽의 봉건 제도에서, 영주가 지배권을 가지고 영향력을 미치는 지역.

타격 어떤 일에서 크게 사기를 꺾거나 손해를 줌.

탈환 빼앗겼던 것을 도로 빼앗아 찾음.

01 낱말의 뜻을 보기 에서 찾아 기호를 쓰세요.

보기

㉠ 빼앗겼던 것을 도로 빼앗아 찾음.

㉡ 성지에 참배하거나 성지를 여행하는 일.

㉢ 남에게 드러내지 않고 속으로 몰래 일을 꾸미려는 생각.

㉣ 어떤 일에서 크게 사기를 꺾거나 손해를 줌.

㉤ 중세 유럽의 봉건 제도에서, 영주가 지배권을 가지고 영향력을 미치는 지역.

㉥ 중세 유럽에서, 크리스트교도가 예루살렘을 되찾기 위해 일으킨 군대.

(1) 영지 (　　　　) 　　　　(2) 십자군 (　　　　) 　　　　(3) 타격 (　　　　)

(4) 탈환 (　　　　) 　　　　(5) 성지 순례 (　　　　) 　　　　(6) 꿍꿍이 (　　　　)

02 빈칸에 알맞은 글자를 모두 찾아 ○ 하세요.

(1) 누나는 자신 있던 시험에 떨어져서 큰 □□을 입었어요.

| 가 | 타 | 공 | 순 | 격 |

(2) 동생이 갑자기 내 말을 잘 듣는 것을 보니 무슨 □□□가 있는 것 같아요.

| 꿍 | 깜 | 꿍 | 빡 | 이 |

03 빈칸에 알맞은 낱말을 찾아 선으로 이으세요.

(1) 우리 군대는 적들을 몰아내고 빼앗겼던 수도를 □□했어요.

㉠ 십자군

(2) 영주는 자기 □□ 안에서 사는 농민들을 보호해 주었어요.

㉡ 영지

(3) 우리 교회에서는 예루살렘으로 □□를 갈 사람을 모집했어요.

㉢ 탈환

(4) 중세 때 예루살렘을 되찾자는 교황의 호소에 많은 사람이 □□에 참여했어요.

㉣ 성지 순례

예루살렘을 되찾기 위한 십자군 전쟁

11세기 말 이슬람교를 믿는 셀주크 튀르크가 예루살렘을 점령했어요. 당시에 크리스트교도들은 예수가 활동했던 예루살렘으로 성지 순례를 다녔는데, 셀주크 튀르크 때문에 성지 순례를 가기 어려웠어요. 게다가 셀주크 튀르크는 비잔티움 제국을 공격했지요.

위협을 느낀 비잔티움 제국의 황제는 로마 교황에게 셀주크 튀르크를 무찔러 달라고 요청했어요. 로마 교황은 이 기회에 자신의 세력을 키우고 로마 교회와 비잔티움 교회를 하나로 합치려는 목적으로 예루살렘을 되찾기 위한 전쟁을 일으키자고 했어요.

그러자 각 나라의 왕을 비롯해 영주, 기사, 상인, 농민 등이 속속 십자군에 참여했어요. 이들이 십자군에 참여한 것은 크리스트교에 대한 믿음 때문이기도 했지만 각자 꿍꿍이가 있었기 때문이지요. 영주와 기사들은 전쟁에서 이겨 땅을 얻으려 했고, 상인들은 동방과 직접 무역해서 돈을 벌려고 했어요. 농민들은 공을 세우면 자유도 얻고 돈도 벌 수 있을 거라고 생각했지요.

1096년에 십자군은 예루살렘으로 향했어요. 그리고 1099년에 셀주크 튀르크를 몰아내고 예루살렘을 탈환했어요. 하지만 얼마 지나지 않아 이슬람 세력에게 예루살렘을 다시 빼앗겼지요. 십자군 전쟁은 약 200년 동안 수차례에 걸쳐 계속되었지만, 결국 십자군은 예루살렘을 되찾지 못하고 전쟁은 실패로 끝났어요.

그 결과 전쟁을 주도한 교황의 권위는 땅에 떨어졌고, 전쟁에 참여하느라 영지를 돌보지 못한 영주와 기사들은 큰 타격을 입었어요. 반면에 왕은 전쟁에서 후계자를 남기지 않고 죽은 영주들의 땅을 차지하며 왕권이 강해졌지요.

01 십자군 전쟁에 대한 글을 읽고, 빈 곳에 알맞은 말을 쓰세요.

십자군 전쟁은 _____를 믿는 왕, 영주, 기사, 상인, 농민 등으로 이루어진

십자군이 셀주크 튀르크가 점령한 _____을 되찾기 위해 벌인 전쟁이에요.

02 십자군 전쟁에 참여한 사람들에 대한 설명으로 <u>틀린</u> 것을 고르세요. (   )

① 영주와 기사들은 십자군 전쟁에서 이겨 땅을 얻으려고 했어요.

② 교황은 셀주크 튀르크를 같은 편으로 만들고 싶어 했어요.

③ 상인들은 동방과 직접 무역해서 돈을 벌려고 십자군 전쟁에 참여했어요.

④ 농민들은 십자군 전쟁에서 공을 세워 자유도 얻고 돈도 벌려고 했어요.

03 십자군 전쟁이 일어난 순서대로 기호를 쓰세요.

㉠ 비잔티움 제국의 황제가 로마 교황에게 도움을 요청했어요.

㉡ 로마 교황이 예루살렘을 되찾기 위해 전쟁을 일으키자고 했어요.

㉢ 셀주크 튀르크가 예루살렘을 점령하고 비잔티움 제국을 공격했어요.

㉣ 십자군은 예루살렘을 되찾지 못하고 전쟁은 실패로 끝났어요.

㉤ 왕, 영주, 기사 등으로 이루어진 십자군이 예루살렘에 가서 이슬람 세력과 싸웠어요.

(→   →   →   →   )

04 십자군 전쟁의 결과에 대해 바르게 말한 친구를 모두 찾아 ○ 하세요.

로마 교회와 비잔티움 교회가 합쳐졌어.

또띠

교황의 권위가 땅에 떨어졌어.

소라

전쟁에 참여한 영주와 기사는 넓은 땅을 얻었어.

핫또야

왕은 죽은 영주들의 땅을 차지하며 왕권이 강해졌어.

롱이

4주
2일

01 초성을 참고하여 뜻에 알맞은 낱말을 빈칸에 쓰세요.

(1) ㄱ ㅈ : 규칙이나 법에 의하여 개인이나 단체의 활동을 제한함. ➡ [   ]

(2) ㄷ ㅈ : 남의 물건을 훔치거나 빼앗는 짓을 하는 사람. ➡ [   ]

(3) ㄴ ㅈ ㅁ : 논밭에 심어 가꾸는 곡식이나 채소. ➡ [   ]

02 낱말의 뜻을 찾아 선으로 이으세요.

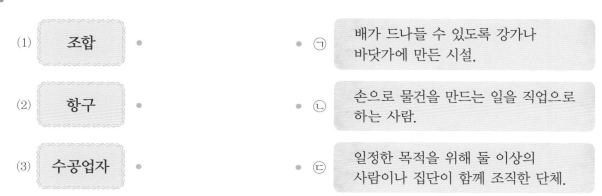

(1) 조합 •

(2) 항구 •

(3) 수공업자 •

• ㉠ 배가 드나들 수 있도록 강가나 바닷가에 만든 시설.

• ㉡ 손으로 물건을 만드는 일을 직업으로 하는 사람.

• ㉢ 일정한 목적을 위해 둘 이상의 사람이나 집단이 함께 조직한 단체.

03 (   ) 안에 알맞은 낱말을 보기 에서 찾아 기호를 쓰세요.

보기   ㉠ 도적   ㉡ 항구   ㉢ 수공업자   ㉣ 규제   ㉤ 조합   ㉥ 농작물

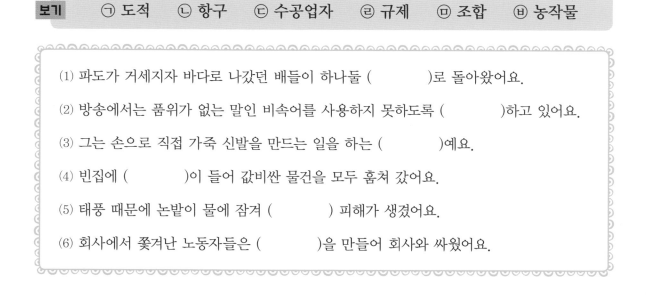

(1) 파도가 거세지자 바다로 나갔던 배들이 하나둘 (   )로 돌아왔어요.

(2) 방송에서는 품위가 없는 말인 비속어를 사용하지 못하도록 (   )하고 있어요.

(3) 그는 손으로 직접 가죽 신발을 만드는 일을 하는 (   )예요.

(4) 빈집에 (   )이 들어 값비싼 물건을 모두 훔쳐 갔어요.

(5) 태풍 때문에 논밭이 물에 잠겨 (   ) 피해가 생겼어요.

(6) 회사에서 쫓겨난 노동자들은 (   )을 만들어 회사와 싸웠어요.

중세 도시의 발달

11세기 무렵 유럽의 농민들은 농기구가 발달하고 농사 기술이 발전해 예전보다 농작물을 많이 거두어들였어요. 그러자 농민들이 먹고 남은 농작물을 내다 팔면서 시장이 생겨났어요. 그로 인해 물건을 판매하는 상인과 물건을 만드는 수공업자가 시장으로 모여들었고, 상업과 수공업이 발달하기 시작했어요.

상인과 수공업자는 시장이 들어선 곳에서 집을 짓고 살았어요. 이들은 돈을 많이 벌게 되자 도적의 침입을 막기 위해 자신들이 사는 곳 주변에 성벽을 쌓았는데, 이것이 중세 도시의 시작이지요.

상업과 도시는 십자군 전쟁 동안 전쟁에 필요한 물건을 만들고 운반하면서 더욱 발달했어요. 상인들은 십자군을 따라 아시아와 유럽을 오가며 장사했어요. 특히 지중해를 중심으로 동방 무역이 활발해지면서 이탈리아 북부의 항구 도시들이 크게 성장했어요. 그 뒤 독일 북부와 프랑스의 여러 도시들도 무역에 뛰어들어 도시가 크게 발전했지요.

초기의 도시는 도시 주변의 장원을 다스리는 영주의 지배를 받았어요. 도시의 상인과 수공업자는 영주에게 세금을 내야 했고 여러 가지 규제를 따라야 했지요. 돈을 모은 상인과 수공업자는 영주의 지배에서 벗어나 자유롭게 상업 활동을 하고 싶어 했어요. 그래서 영주에게 돈을 주고 직접 도시를 이끌어 갈 수 있는 권리인 자치권을 사들였어요.

영주의 지배에서 벗어난 상인과 수공업자는 자신들의 이익과 안전을 위해 같은 일을 하는 사람들끼리 '길드'라고 하는 조합을 만들어 운영했어요. 길드는 시간이 지날수록 세력이 커져 중세 도시를 이끌어 갔답니다.

중세에는 시장을 중심으로 도시가 생겨났어.

01 글을 읽고, 빈 곳에 알맞은 말을 **보기**에서 찾아 쓰세요.

| **보기** | 시장 | 상업 | 농작물 |

11세기 무렵 유럽에서는 농민들이 먹고 남은 _____을 내다 팔면서

_____이 생겨났어요. 그로 인해 상인과 수공업자가 시장으로 모여들었고,

_____과 수공업이 발달하기 시작했어요.

02 중세의 도시와 상인에 대한 설명이 맞으면 ○, 틀리면 ✕ 하세요.

⑴ 상인과 수공업자는 시장이 들어선 곳에 집을 짓고 살았어요.   (   )

⑵ 상인과 수공업자가 자신들이 사는 곳 주변에 성벽을 쌓으면서
   도시가 생겨났어요.   (   )

⑶ 상인들은 도시 안에서만 장사를 했어요.   (   )

⑷ 동방 무역이 활발해지면서 도시가 쇠퇴했어요.   (   )

03 중세의 도시에 대한 글을 읽고, 알맞은 말에 ○ 하세요.

초기의 도시는 (영주 | 왕)의 지배를 받았어요. 나중에 돈을 모은 상인과

수공업자는 자유롭게 상업 활동을 하기 위해 영주에게 돈을 주고 도시의

(투표권 | 자치권)을 사들였어요.

04 중세에 도시의 상인과 수공업자가 자신들의 이익과 안전을 위해 같은 일을 하는 사람들끼리
만든 조합을 무엇이라고 하는지 쓰세요.

01 ( ) 안에서 알맞은 말을 골라 ○ 하세요.

(1) 전염병 : 다른 사람에게 옮아가기 (쉬운 | 어려운) 병.

(2) (들뜨다 | 들끓다) : 여럿이 한곳에 모여 혼잡하게 마구 움직이다.

(3) 자연재해 : 태풍, 가뭄, 홍수 등의 피할 수 없는 자연 현상으로 인해 받게 되는
(행운 | 피해).

(4) (반점 | 온점) : 동물이나 식물의 몸에 박혀 있는 얼룩얼룩한 점.

(5) 쥐벼룩 : 쥐, 고양이, 사람 따위에 붙어 살면서 (나쁜 | 좋은) 병균을 옮기는 아주
작은 곤충.

(6) (영양 | 영업) : 생물이 살아가는 데 필요한 물질.

02 밑줄 친 낱말의 쓰임이 틀린 것을 찾아 ✔ 하세요.

(1) 갑자기 다리에 빨간 **반점**이 생겨 병원에 가서 치료했어요.

(2) 된장찌개가 가스레인지 위에서 보글보글 **들끓어요**.

(3) **전염병** 환자들은 다른 사람에게 병을 옮길 수 있으므로 따로 지내야 해요.

03 빈 곳에 알맞은 낱말을 보기 에서 찾아 쓰세요.

| 보기 | 영양 | 쥐벼룩 | 자연재해 |

(1) 몸이 자주 아픈 걸 보니 _____ 상태가 좋지 않은 것 같아요.

(2) 우리나라는 봄에 황사나 가뭄 같은 _____ 가 발생해요.

(3) 쥐의 몸에 붙어 사는 _____ 은 나쁜 병을 옮기는 해로운 곤충이에요.

유럽을 죽음의 공포로 몰아넣은 흑사병

14세기 중반 유럽에서 유행한 흑사병은 유럽 사람들을 공포에 떨게 했어요. 흑사병은 페스트균이 일으키는 전염병으로, 쥐벼룩이 페스트균을 사람에게 옮겨서 걸리지요. 사람이 이 병에 걸리면 피부에 검은 반점이 생기기 때문에 이 병을 흑사병이라고 불렀어요. 흑사병에 걸린 사람은 대부분 높은 열과 두통 등에 시달리다가 며칠 안에 목숨을 잃었어요.

흑사병은 1347년에 이탈리아를 휩쓸고 1년도 되지 않아 프랑스와 영국까지 퍼졌어요. 그리고 몇 년 뒤에는 북유럽과 러시아까지 번져 나갔지요. 당시 유럽에는 홍수 등의 자연재해가 잦아서 먹을 것을 구하기 어려워 대부분의 사람들이 영양 상태가 나빴어요. 게다가 많은 사람이 모여 살던 도시의 뒷골목은 가축의 똥오줌과 쓰레기 때문에 매우 더러워 쥐와 벌레들이 들끓었지요. 그래서 흑사병은 순식간에 온 유럽으로 걷잡을 수 없이 퍼져 나갔어요.

당시 유럽 사람들은 크리스트교를 중심으로 생각하고 생활했기 때문에 병의 원인이나 전염 방식, 치료법에 대해 과학적으로 생각하지 못했어요. 흑사병을 신이 내린 벌이라고 생각한 일부 사람들은 죄를 씻기 위해 자기 몸을 채찍으로 때리며 병을 고치려고 했어요. 일부 사람들은 유대인이 병을 퍼뜨렸다고 생각해 유대인을 마구 죽이기도 했지요. 또 마녀가 병을 퍼뜨렸다는 소문을 믿고 죄 없는 여자를 마녀로 몰아 태워 죽이는 일도 벌어졌어요.

흑사병 때문에 유럽 인구의 약 3분의 1이 줄어들 정도로 흑사병은 중세 유럽에 큰 피해를 주었답니다.

중세 때 흑사병에 걸린 사람은 열에 아홉이 죽었대.

01 중세 유럽을 휩쓸어 유럽 인구의 약 3분의 1이 줄어들게 만든 전염병은 무엇인지 쓰세요.

02 흑사병에 대해 <u>틀리게</u> 말한 친구를 찾아 ○ 하세요.

페스트균이 일으키는 병이야.
빵이

쥐벼룩이 페스트균을 사람에게 옮겨서 흑사병에 걸려.
핫또야

흑사병에 걸리면 체온이 떨어져.
소라

흑사병에 걸리면 피부에 검은 반점이 생겨.
꽈리

03 흑사병이 순식간에 온 유럽으로 퍼져 나간 까닭을 모두 고르세요. (,   )

① 유럽 사람들의 영양 상태가 나빴기 때문이에요.

② 유럽 사람들이 신을 열심히 믿지 않았기 때문이에요.

③ 상인들이 일부러 돌아다니며 병을 옮겼기 때문이에요.

④ 도시가 더러워 쥐와 벌레들이 들끓었기 때문이에요.

04 흑사병이 돌자 유럽 사람들이 한 일을 모두 찾아 ✔ 하세요.

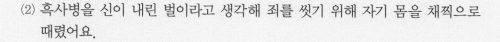

(1) 병의 원인과 치료법을 과학적으로 찾기 위해 노력했어요. ☐

(2) 흑사병을 신이 내린 벌이라고 생각해 죄를 씻기 위해 자기 몸을 채찍으로 때렸어요. ☐

(3) 유대인이 흑사병을 퍼뜨렸다고 생각해 유대인을 죽였어요. ☐

(4) 죄 없는 여자를 흑사병을 퍼뜨린 마녀로 몰아 태워 죽였어요. ☐

개선 부족한 점, 잘못된 점, 나쁜 점 등을 고쳐서 더 좋아지게 함.

난 전쟁이나 나라 안에서 일어난 싸움.

노동력 일을 하는 데 쓰이는 사람의 정신적 능력과 육체적 능력.

반발 어떤 상태나 행동 등에 대하여 반대함.

수입 어떤 일을 하여 돈이나 물건 등을 거두어들임. 또는 그 돈이나 물건.

자영농 자신의 땅에서 농사를 짓고 직접 관리하는 농민.

01 낱말에 대한 설명이 맞으면 ◯, 틀리면 ✕ 하세요.

(1) '노동력'은 일을 하는 데 쓰이는 사람의 정신적 능력과 육체적 능력을
말해요.   (   )

(2) '반발'은 어떤 상태나 행동 등에 대하여 찬성하는 것을 말해요.   (   )

(3) '개선'은 부족한 점, 잘못된 점, 나쁜 점 등을 고쳐서 더 좋아지게 하는
것을 말해요.   (   )

02 뜻에 알맞은 낱말을 찾아 선으로 이으세요.

(1) 전쟁이나 나라 안에서 일어난 싸움.   •   • ㉠ 수입

(2) 자신의 땅에서 농사를 짓고 직접
관리하는 농민.   •   • ㉡ 자영농

(3) 어떤 일을 하여 돈이나 물건 등을
거두어들임. 또는 그 돈이나 물건.   •   • ㉢ 난

03 빈 곳에 알맞은 낱말을 보기 에서 찾아 쓰세요.

보기	난	반발	수입	개선	자영농	노동력

(1) 농촌에는 젊은 사람들이 적어서 일할 수 있는 _____ 이 부족해요.

(2) 대학에서 등록금을 올리자 학생들이 항의하며 크게 _____ 했어요.

(3) 이달에는 가게 장사가 잘돼서 지난달보다 _____ 이 늘었어요.

(4) 전쟁이 시작되자 사람들은 _____ 을 피해 남쪽으로 내려갔어요.

(5) 학교에서는 교내 규칙의 문제점을 _____ 하기 위해 설문 조사를 했어요.

(6) 삼촌은 자신의 넓은 땅에서 농사를 짓는 _____ 이에요.

흑사병 유행 이후 무너진 장원

도시와 상업의 발달, 흑사병의 유행은 장원에 큰 변화를 가져와 장원이 무너지는 결정적인 역할을 했어요.

도시와 상업이 발달하자 화폐가 널리 사용되었어요. 그러자 영주들은 농노에게 땅을 빌려주는 대가로 농산물이나 노동력을 받던 것을 화폐로 받기 시작했어요. 돈이 필요한 영주들은 농노에게 돈을 받고 농노의 신분을 풀어 주기도 했지요.

이런 가운데 유럽을 휩쓴 흑사병으로 사람들이 많이 죽어 장원에는 농사지을 농노가 부족했어요. 영주들은 얼마 남지 않은 농노에게 일을 시키기 위해 이전보다 대우를 잘해 주었지요. 농노들은 대우가 나아지자 열심히 농사지어 남는 농작물을 시장에 내다 팔아 돈을 벌었어요. 돈을 모은 농노들은 영주에게 돈을 주고 농노 신분에서 벗어나 자신의 땅에서 농사짓는 자영농이 되었지요.

하지만 일부 영주들은 수입이 크게 줄자 세금을 왕창 올리고 일도 훨씬 많이 시키며 농노들을 억압했어요. 농노들은 이에 반발해 반란을 일으켜 영주의 성을 불태우고 기사들을 죽였어요. 프랑스에서는 '자크리의 난', 영국에서는 '와트 타일러의 난'과 같은 대규모의 농민 반란이 일어나기도 했지요.

반란은 곧 진압되었지만 영주들은 농노들의 불만을 무시할 수 없어 세금을 낮추고 농노들의 대우를 개선해 주었어요. 그로 인해 농노 신분에서 벗어나는 농노가 점점 늘어났고, 결국 16세기 초에 모든 서유럽 국가에서 농노제가 없어지고 장원은 무너졌어요.

01 장원을 무너지게 한 원인이 <u>아닌</u> 것을 찾아 ○ 하세요.

도시의 발달   대학의 발달   상업의 발달   흑사병의 유행

02 (   ) 안에 알맞은 낱말을 보기 에서 찾아 기호를 쓰세요.

보기

ㄱ 땅
ㄴ 화폐
ㄷ 노동력

(1) 예전에는 영주가 농노에게
(   )을 빌려주는 대가로
농산물이나 (   )을
받았어.

(2) 도시와 상업이 발달하면서
영주는 농노에게 땅을 빌려주는
대가로 (   )를 받기
시작했어.

03 흑사병이 유행하고 난 뒤 장원에서 일어난 일이 맞으면 '예', 틀리면 '아니요'에 ○ 하세요.

(1) 사람들이 많이 죽어 장원에는 농사지을 농노가 부족했어요.	예	아니요
(2) 모든 영주가 농노의 세금을 왕창 줄여 주었어요.	예	아니요
(3) 영주들은 자신이 직접 농사를 지어 돈을 벌었어요.	예	아니요
(4) 영주에게 돈을 주고 농노 신분에서 벗어나는 농노들이 생겼어요.	예	아니요

04 장원에서 일어난 농노들의 반란에 대해 바르게 말한 아이의 이름을 모두 쓰세요.

(,   )

• 서윤: 반란을 일으킨 농노들이 영주의 성을 불태우고 기사들을 죽였어.
• 경빈: 영국에서는 대규모의 농민 반란이 일어나지 않았어.
• 현서: 프랑스에서는 자크리의 난이 일어났어.
• 형섭: 반란이 성공해 농노들은 영주들의 땅을 모두 빼앗았어.

계승 왕이나 권력자의 자리를 물려받음.

눈독 욕심이 나서 매우 관심 있게 보는 것.

북돋다 기운이나 정신 등을 더욱 높여 주다.

왕위 임금의 자리나 지위.

협력 힘을 합해 서로 도움.

활약 활발히 활동함.

01 뜻에 알맞은 낱말을 **보기**에서 찾아 빈칸에 쓰세요.

| 보기 | 활약 | 계승 | 눈독 | 왕위 | 협력 | 북돋다 |

(1) 임금의 자리나 지위. ⬚

(2) 왕이나 권력자의 자리를 물려받음. ⬚

(3) 활발히 활동함. ⬚

(4) 힘을 합해 서로 도움. ⬚

(5) 욕심이 나서 매우 관심 있게 보는 것. ⬚

(6) 기운이나 정신 등을 더욱 높여 주다. ⬚

02 낱말이 들어갈 알맞은 문장을 찾아 선으로 이으세요.

(1) 협력 •

(2) 눈독 •

(3) 왕위 •

• ㉠ 동생은 내가 새로 산 노트북에 관심을 보이며 ⬚을 들였어요.

• ㉡ 우리 반 아이들은 서로 ⬚해서 교실을 예쁘게 꾸몄어요.

• ㉢ 조선 시대 왕은 대부분 맏아들에게 ⬚를 물려주었어요.

03 ⬚ 안에서 알맞은 낱말을 골라 ○ 하세요.

(1) 형은 시험을 망친 나에게 용기를 | 북적이는 | 북돋는 | 말을 해 주었어요.

(2) 그는 체조 국가 대표 선수로 꾸준히 | 활약 | 활강 | 하고 있어요.

(3) 왕이 후계자 없이 죽자 신하들은 왕위 | 계약 | 계승 | 문제로 다투었어요.

영국과 프랑스의 백년 전쟁

장원이 무너지고 왕의 권력이 강해지던 시기에, 영국과 프랑스 사이에 전쟁이 일어났어요. 이 전쟁은 100년 넘게 이어져 '백년 전쟁'이라고 불리지요.

1328년에 프랑스의 왕 샤를 4세가 자손 없이 죽자, 그의 사촌 형제인 발루아 백작이 왕위를 이어 필리프 6세가 되었어요. 그런데 영국 왕인 에드워드 3세가 샤를 4세의 외조카인 자신이 프랑스의 왕위를 계승해야 한다고 주장해 두 나라는 심각하게 대립했어요.

사실 영국과 프랑스는 이전부터 사이가 좋지 않았어요. 당시 영국은 프랑스 영토 안에 있던 귀엔과 가스코뉴 지방을 지배하고 있었고, 플랑드르 지역에 큰 영향력을 미치고 있었어요. 귀엔은 유럽 최대의 포도주 생산지였고, 플랑드르는 유럽 최대의 모직물 공업 지역이어서 경제적으로 중요했는데, 이곳을 프랑스가 눈독을 들이고 있었지요.

그러던 중 필리프 6세가 프랑스 영토 안에 있는 영국 땅을 빼앗자 에드워드 3세는 영국군을 이끌고 프랑스에 쳐들어갔어요. 이렇게 백년 전쟁이 시작되었지요.

백년 전쟁 초기에는 영국군이 연달아 프랑스군을 이겼어요. 영국군에게는 프랑스군에게는 없는 대포와 화살이 멀리까지 날아가는 커다란 활이 있었기 때문이지요. 전쟁 중에 흑사병이 퍼져 잠시 전쟁이 중단되었지만, 흑사병이 물러간 뒤 다시 전쟁은 계속되었어요. 그러다 프랑스의 일부 귀족이 영국에 협력하면서 프랑스는 큰 위기에 처했어요. 이때 프랑스를 구하라는 하느님의 계시를 받은 16세의 소녀 '잔 다르크'가 전쟁에 참여해 프랑스군에게 용기를 북돋아 주며 프랑스를 위기에서 구했어요. 결국 프랑스군은 잔 다르크의 활약 덕분에 영국군을 프랑스에서 몰아내고 전쟁에서 승리했답니다.

프랑스의 승리로 프랑스 왕의 힘이 엄청 강해졌어.

01 빈칸에 알맞은 말이 차례대로 묶인 것을 고르세요. (　　　　)

> • 백년 전쟁은 ▢과 프랑스가 100년 넘게 벌인 전쟁이에요.
> • 영국의 에드워드 3세와 프랑스의 필리프 6세는 프랑스의 ▢ 문제를 두고 심각하게 대립했어요.

    ① 영국 – 왕궁 건설   ② 독일 – 왕위 계승
    ③ 영국 – 왕위 계승   ④ 독일 – 왕궁 건설

02 백년 전쟁에 대한 설명이 맞으면 ○, 틀리면 ✕ 하세요.

> (1) 영국이 프랑스의 귀엔 지방을 강제로 빼앗았어요.   (   )
>
> (2) 초기에는 대포와 커다란 활을 가진 영국이 이겼어요.   (   )
>
> (3) 프랑스 귀족 중 일부가 영국에 협력하기도 했어요.   (   )
>
> (4) 영국군이 승리해 프랑스의 절반을 지배하게 되었어요.   (   )

03 백년 전쟁 당시, 프랑스가 위기에 처했을 때 하느님의 계시를 받고 전쟁에 참여해 전쟁을 승리로 이끈 소녀의 이름을 쓰세요.

04 백년 전쟁이 일어난 과정의 순서대로 기호를 쓰세요.

> ㉠ 영국 왕 에드워드 3세가 자신이 프랑스의 왕위를 계승해야 한다고 주장했어요.
> ㉡ 프랑스군이 영국군을 프랑스에서 몰아내고 전쟁에서 승리했어요.
> ㉢ 영국군이 프랑스에 쳐들어와 전쟁에서 연달아 승리를 거두었어요.
> ㉣ 필리프 6세가 프랑스 영토 안에 있는 영국 땅을 빼앗았어요.

                                 (→   →   →   )

뜻에 알맞은 낱말을 찾아 짝 지어진 숫자를 차례대로 빈칸에 쓰세요.

① 빼앗겼던 것을 도로 빼앗아 찾음.

② 일정한 목적을 위해 둘 이상의 사람이나 집단이 함께 조직한 단체.

③ 규칙이나 법에 의하여 개인이나 단체의 활동을 제한함.

④ 다른 사람에게 옮아가기 쉬운 병.

⑤ 어떤 상태나 행동 등에 대하여 반대함.

⑥ 왕이나 권력자의 자리를 물려받음.

⑦ 욕심이 나서 매우 관심 있게 보는 것.

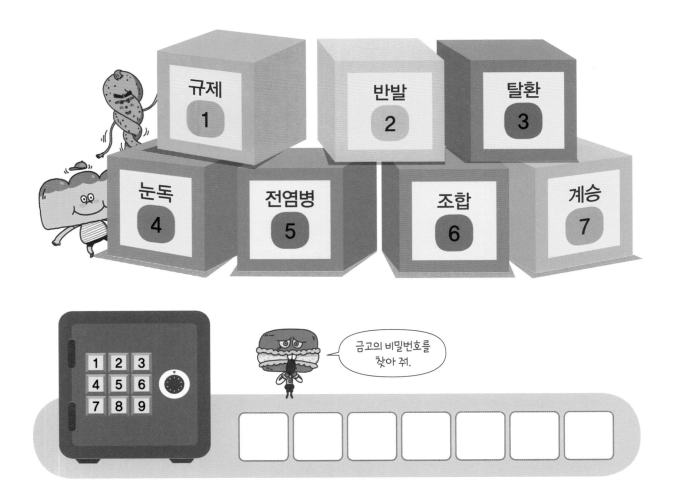

규제 1 　 반발 2 　 탈환 3

눈독 4 　 전염병 5 　 조합 6 　 계승 7

금고의 비밀번호를 찾아 줘.

글의 내용이 맞으면 ○, 틀리면 ✕ 하세요.

로마 교황은 비잔티움 제국의
황제를 도우려는 순수한 마음에서
십자군 전쟁을 일으켰어요.

십자군 전쟁의 실패로 교황의
권위는 땅에 떨어졌어요.

중세 도시의 상인과
수공업자는 자신들의 이익과
안전을 위해 길드를 만들었어요.

흑사병은 말에 의해
전염되는 병으로,
영국에서 시작되었어요.

중세에는 흑사병의 유행으로
유럽 인구의 약 3분의 1이
줄어들었어요.

흑사병이 유행한 뒤
영주들은 농노가 많아져
수입이 크게 늘었어요.

백년 전쟁은 프랑스 왕이 영국의 왕
자리를 차지하기 위해 벌인 전쟁이에요.

백년 전쟁에서
프랑스는 잔 다르크의
활약 덕분에 승리했어요.

비잔티움 제국의 위대한 황제, 유스티니아누스

비잔티움 제국의 유스티니아누스 황제는 바로 전 황제였던 유스티누스 1세의 조카로, 유스티누스 1세가 죽은 뒤 뒤를 이어 황제가 되었어요. 유스티니아누스 황제는 기존 관습에 얽매이지 않고 신분이 아닌 능력 위주로 인재를 뽑아 정치했어요. 그는 결혼할 때도 신분을 따지지 않아 황제가 되기 전 테오도라라는 신분이 낮은 평민과 결혼했어요. 당시에는 귀족이 평민과 결혼할 수 없었는데, 유스티니아누스는 황제인 삼촌을 설득해 귀족도 낮은 계급의 사람과 결혼할 수 있도록 법을 고쳐 테오도라와 결혼했지요.

테오도라는 유스티니아누스의 안목처럼 현명한 황후였어요. 테오도라 황후는 남편 유스티니아누스 황제를 도운 일화로 유명해요. 532년에 반란이 일어나 시민들이 궁으로 몰려들자, 당황한 유스티니아누스 황제는 궁을 버리고 달아나려고 했어요. 이때 테오도라 황후는 "황제답게 떳떳하게 맞서야 합니다."라고 하면서 황제가 도망가는 것을 막았어요. 이에 정신을 다잡은 유스티니아누스 황제는 군대를 불러 반란을 진압했지요.

유스티니아누스 황제는 옛 로마 제국의 영광을 되찾기 위해 게르만족에게 빼앗긴 서로마 제국의 땅을 많이 되찾았어요. 그리고 학자들에게 로마법을 모아 정리해 법전을 만들게 했어요. 이것이 『유스티니아누스 법전』이에요. 『로마법 대전』이라고도 불리는 이 법전은 유럽의 근대법 발전에 많은 영향을 주었지요.

유스티니아누스 황제의 업적 중 하나는 성 소피아 대성당을 다시 세운 것이에요. 성 소피아 대성당은 반란으로 불타 무너졌는데, 유스티니아누스 황제는 황제의 힘을 보여 주기 위해 성 소피아 대성당을 기존보다 더 크고 화려하게 지었어요. 현재 터키 이스탄불에 남아 있는 이 성당은 비잔티움 양식의 대표적인 건축물로, 외부의 거대한 돔과 내부의 화려한 모자이크화가 큰 특징이랍니다.

▲ 유스티니아누스 황제와 수행원들

프랑스를 구한 잔 다르크

잔 다르크는 백년 전쟁에서 프랑스를 구해 낸 영웅적인 소녀예요.

잔 다르크는 프랑스 북동쪽에 있는 작은 시골 마을에서 농부의 딸로 태어났어요. 그녀는 독실한 크리스트교 가정에서 자라나 어렸을 때부터 신앙심이 두터웠지요.

잔 다르크가 16세 때 그녀 앞에 천사가 나타나 "영국군을 몰아내고 프랑스를 구하라."라는 하느님의 계시를 전했어요. 당시 프랑스는 영국과 백년 전쟁을 치르던 중이었지요. 그런데 프랑스는 영국군에게 계속 패배해 프랑스의 샤를 황태자는 왕위에 오르지도 못하고 영국군에게 밀려 프랑스 남부 지역으로 쫓겨 가 있었어요.

잔 다르크는 하느님의 계시를 따르기 위해 마을을 떠나 샤를 황태자가 있는 곳으로 갔어요. 처음에 샤를 황태자와 성직자들은 계시를 받았다는 잔 다르크의 말을 믿지 않았지만 여러 가지 질문에 확신에 차서 대답하는 잔 다르크를 보고 그녀가 계시를 받았다는 것을 인정해 주었어요.

샤를 황태자는 잔 다르크에게 군사를 내주었고, 잔 다르크는 곧바로 영국군에게 포위되어 있는 오를레앙으로 달려갔어요. 오랜 전쟁으로 지쳐 있던 오를레앙의 프랑스 군사들은 하느님의 계시를 받고 왔다는 어린 소녀가 앞장서서 싸우는 모습을 보고 사기가 크게 올라 영국군을 무찔렀어요.

결국 잔 다르크의 활약으로 프랑스는 백 년 넘게 이어진 전쟁에서 승리했어요. 하지만 안타깝게도 잔 다르크는 전쟁 중에 영국군의 포로가 되어 종교 재판을 받았어요. 잔 다르크는 이 재판에서 마녀라는 누명을 쓰고 19세의 어린 나이에 화형을 당하고 말았어요.

1일 어휘 (11쪽)

01 (1) 관, 직 (2) 가, 문 (3) 한, 족

02 (1) ㉡ (2) ㉠ (3) ㉢

03 (1) 가문 (2) 운하 (3) 한족 (4) 관직
(5) 독점 (6) 재정

1일 독해 (13쪽)

01 (1) 양견 (2) 문제

02 (1) 예 (2) 아니요 (3) 예 (4) 아니요

03 ④

04 소라, 롱이

2일 어휘 (15쪽)

01 (1) 황금기 (2) 의무적 (3) 문물 (4) 사신
(5) 국제도시 (6) 절도사

02 (1) 문물 (2) 사신 (3) 절도사

03 (3)

2일 독해 (17쪽)

01 다현, 은성

02 ㉠, ㉡, ㉣

03 현종, 귀족

04 ③

3일 어휘 (19쪽)

01 (1) ○ (2) ○ (3) ✕ (4) ○

02 (1) 문, 관 (2) 화, 약

03 (1) 수공업 (2) 바닷길 (3) 인쇄술

(4) 화약 (5) 무관 (6) 문관

3일 독해 (21쪽)

01 ①, ③

02 (1) ○ (2) ○ (3) ○ (4) ✕

03 나침반

04 금나라, 남송

4일 어휘 (23쪽)

01 (1) ㉣ (2) ㉢ (3) ㉢ (4) ㉠ (5) ㉥ (6) ㉡

02 (1) 우두머리 (2) 기마병

03 (1) ㉢ (2) ㉡ (3) ㉣ (4) ㉠

4일 독해 (25쪽)

01 칭기즈 칸

02 롱이

03 중국, 중앙아시아, 서아시아, 유럽 일부

04 (1) 대도 (2) 원 (3) 남송

5일 어휘 (27쪽)

01 (1) 쇼, 군 (2) 다, 도 (3) 무, 사

02 (2), (3)

03 (1) ㉢ (2) ㉠ (3) ㉡ (4) ㉤ (5) ㉥ (6) ㉣

5일 독해 (29쪽)

01 (1) 가마쿠라 막부 (2) 무로마치 막부

02 2, 3, 1

03 ①, ③

04 (1) ✕ (2) ◯ (3) ✕ (4) ◯

6일 복습 (30~31쪽)

① 운하
② 항복
③ 가문
④ 무사
⑤ 문관
⑥ 사신

1일 어휘 (35쪽)

01 (1) 벽 (2) 다신교 (3) 우주 (4) 민간 신앙
(5) 왕조 (6) 절

02 (1) 벽화 (2) 왕조 (3) 다신교

03 (2)

1일 독해 (37쪽)

01 찬드라굽타 2세

02 (1), (3)

03 (1) 굽타 (2) 브라만교

04 예은

2일 어휘 (39쪽)

01 (1) ㉡ (2) ㉠ (3) ㉢

02 (1) 명, 상 (2) 평, 등 (3) 계, 시

03 (1) 평등 (2) 명상 (3) 성스러운 (4) 계시
(5) 우상 숭배 (6) 전파

2일 독해 (41쪽)

01 (1) 무함마드 (2) 메카

02 핫또야, 빵이

03 (1) ◯ (2) ✕ (3) ◯ (4) ✕

04 2, 1, 3

3일 어휘 (43쪽)

01 (1), (3), (5)

02 빵이

03 (1) ㉠ (2) ㉢ (3) ㉡

3일 독해 (45쪽)

01 칼리프

02 ②

03 (1) 후손 (2) 평등하게

04 하연, 다빈

4일 어휘 (47쪽)

01 (1) ㉡ (2) ㉢ (3) ㉠

02 (1) 신성하게 (2) 예루살렘

03 (1) 용병 (2) 칭호 (3) 분열 (4) 성지
(5) 십자군 전쟁

4일 독해 (49쪽)

01 롱이, 소라

02 (1) 바그다드 (2) 술탄

03 ①, ④

04 (1) ○ (2) ✕ (3) ○

5일 어휘 (51쪽)

01 (1) 법학 (2) 서적 (3) 모스크

02 (1) ㉡ (2) ㉢ (3) ㉠

03 (1), (4), (6)

5일 독해 (53쪽)

01 (1) 아니요 (2) 예 (3) 예 (4) 예

02 ③

03 (1) ㉠ (2) ㉢ (3) ㉡

04 아라베스크 무늬

6일 복습 (54~55쪽)

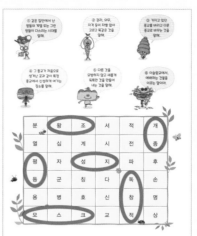

① 왕조
② 평등
③ 개종
④ 성지
⑤ 독창적
⑥ 모스크

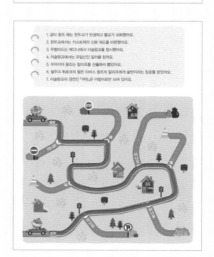

1일 어휘 (61쪽)

01 (1) 큰 (2) 먹을거리 (3) 많다

02 (2), (3)

03 (1) 기름진 (2) 식량 (3) 목축 (4) 소작인
(5) 대대적 (6) 단위

1일 독해 (63쪽)

01 ②, ③

02 훈족

03 소라, 꽈리

04 프랑크 왕국, 동고트 왕국, 반달 왕국,
서고트 왕국

2일 어휘 (65쪽)

01 (1) 내분 (2) 교황 (3) 대제 (4) 성직자
(5) 갈래 (6) 지지

02 (1) ㄴ (2) ㄷ (3) ㄱ

03 (1) ㄷ (2) ㄱ (3) ㄴ

2일 독해 (67쪽)

01 ③

02 크리스트교, 귀족

03 (1) ○ (2) × (3) × (4) ○

04 게르만, 크리스트교

3일 어휘 (69쪽)

01 (1) ㄴ (2) ㄱ (3) ㄷ

02 핫또야

03 (1) 거부 (2) 성상 (3) 로마법 (4) 이민족
(5) 파괴 (6) 겸하고

3일 독해 (71쪽)

01 비잔티움 제국

02 건하

03 (1) 성상 (2) 그리스 정교

04 ㄱ, ㄷ, ㄹ

4일 어휘 (73쪽)

01 (1) × (2) ○ (3) ○ (4) × (5) ○ (6) ×

02 (1) 기, 사 (2) 주, 군 (3) 봉, 신

03 ④

4일 독해 (75쪽)

01 주군, 봉신

02 (1) 예 (2) 아니요 (3) 아니요 (4) 예

03 (1) 봉토 (2) 영주 (3) 농노

04 ①, ③

5일 어휘 (77쪽)

01 (1) ㄴ (2) ㄷ (3) ㄱ

02 (1) 수도원 (2) 색유리 (3) 둥글게

03 (1) ㄷ (2) ㅁ (3) ㄴ (4) ㄱ (5) ㅂ (6) ㄹ

5일 독해 (79쪽)

01 크리스트교

02 ④

03 (1) ✕ (2) ◯ (3) ◯ (4) ✕

04 (1) ㉡ (2) ㉠

6일 복습 (80~81쪽)

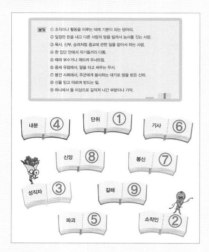

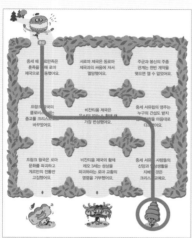

1일 어휘 (85쪽)

01 (1) ㉢ (2) ㉡ (3) ㉣ (4) ㉠ (5) ㉤ (6) ㉤

02 (1) 타, 격 (2) 꿍, 꿍, 이

03 (1) ㉢ (2) ㉡ (3) ㉣ (4) ㉠

1일 독해 (87쪽)

01 크리스트교, 예루살렘

02 ②

03 ㉢, ㉠, ㉡, ㉤, ㉣

04 소라, 룽이

2일 어휘 (89쪽)

01 (1) 규제 (2) 도적 (3) 농작물

02 (1) ㉢ (2) ㉠ (3) ㉡

03 (1) ㉡ (2) ㉣ (3) ㉢ (4) ㉠ (5) ㉤ (6) ㉤

2일 독해 (91쪽)

01 농작물, 시장, 상업

02 (1) ◯ (2) ◯ (3) ✕ (4) ✕

03 영주, 자치권

04 길드

3일 어휘 (93쪽)

01 (1) 쉬운 (2) 들끓다 (3) 피해 (4) 반점
(5) 나쁜 (6) 영양

02 (2)

03 (1) 영양 (2) 자연재해 (3) 쥐벼룩

3일 독해 (95쪽)

01 흑사병

02 소라

03 ①, ④

04 (2), (3), (4)

4일 어휘 (97쪽)

01 (1) ○ (2) × (3) ○

02 (1) ⓒ (2) ⓛ (3) ⓖ

03 (1) 노동력 (2) 반발 (3) 수입 (4) 난
(5) 개선 (6) 자영농

4일 독해 (99쪽)

01 대학의 발달

02 (1) ㄱ, ㄷ (2) ㄴ

03 (1) 예 (2) 아니요 (3) 아니요 (4) 예

04 서윤, 현서

5일 어휘 (101쪽)

01 (1) 왕위 (2) 계승 (3) 활약 (4) 협력
(5) 눈독 (6) 북돋다

02 (1) ⓛ (2) ⓖ (3) ⓒ

03 (1) 북돋는 (2) 활약 (3) 계승

5일 독해 (103쪽)

01 ③

02 (1) × (2) ○ (3) ○ (4) ×

03 잔 다르크

04 ㄱ, ㄹ, ㄷ, ㄴ

6일 복습 (104~105쪽)

① 탈환
② 조합
③ 규제
④ 전염병
⑤ 반발
⑥ 계승
⑦ 눈독

세계사 2권 찾아보기

메모장